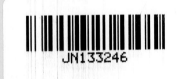

教育・福祉関係者のための

児童虐待と障害者虐待

基礎編

編著　島 治伸
著作　藤田 益伸
中原 昌子

まえがき

地域社会で全ての子ども達が平和で幸せなくらしを享受できる、共生社会の確立をめざした特別支援教育や児童福祉、障害者福祉の、本格的な運用・制度改革が始まって10年あまりが過ぎました。それに伴って、それを支える専門職や関連各領域の地域における連携体制なども、段々と形が整えられてきました。地域全体で支える体制が、教育や福祉や保健の領域で、横のつながりを見せてきたわけです。

しかし、一方では、信じられないようなニュースが報道を通じて何度も流れてきたことがありました。子どもや障害者への虐待が、その制度の整備と反比例するかのように増加の傾向にあるのです。障害のある子ども達に接する私たちにとっては、丁寧な対応や適切な支援を行ってきたにもかかわらず、つきつけられる現実に二重の悲しみと憤りを感じずにはいられません。

あるいは、自分に何ができるだろうという自問の毎日が続くことも否定できない事実です。

もともと動物には、弱肉強食の原則があるといわれます。けれども、人類は長い歴史の中でその原則を超えて労りや慈しみという高次な脳の機能を発達させてきました。家族やきょうだいと育む「愛」は、本能を超えた仲間意識や社会性という共有概念をも得てきたわけです。だからこそ、人類が生物の頂点に立ったと言っても過言ではないでしょう。

にもかかわらず、その対極である「いじめ」や「虐待」といった、感情むき出しの言動や社会現象があるのはなぜなのでしょう。一説には、社会構造から生じるストレッサーに対する反応であるとか、種としての生き残り戦略のしわざであるとも言われます。けれども、少なくともそういった考え方があることや、そこからの救いに方法があることを知らなければ、納得が得られる考え方とはならないと思います。多くの人が現象面だけ見るのではなく、そこに至る過程や回避の方法について知っていることと、それを基本に現象を考えていく必要があるわけです。

地域臨床心理学と特別支援教育学をベースとしてきた筆者と、行動分析をベースに社会福祉や相談支援に関わってきた者、子どもの発達の視点から保育や幼児教育を考えてきた者の三人で、そんな話をしながら本書をまとめてみようということになりました。

本書では、特別支援教育や児童福祉や保育を学ぶ学生さんや、それらの領域で働いている若い方たちをイメージしながら、子どもや障害者に対する虐待について分かりやすく解説することにしました。

少しでも皆様のお役に立てれば幸いです。

島 治伸（2019年7月　とくしま動物園サバンナ区カピバラ前にて）

目 次

序　章

Ⅰ．虐待とは何か？

夏の暑い日に高温になる車の中に子どもが残されたままになっていたり、子どもが泣き止まないからといって、叩いたり、布団をかぶせたりして泣き止まそうとしたり、子どもをマンションのベランダから突き落とすという、子どもの虐待に関連するニュースを耳にしない日はありません。

児童虐待防止全国ネットワークのホームページ[i]には、次のような悲痛な虐待の事例が掲載されています。

■事例1

私が虐待されだしたのは、5歳のとき、妹が生まれた頃だった。母は「あぁ、結婚するんじゃなかった。子どもなんか産むんじゃなかった」と私に言い続けた。私が少しでもごはんをこぼしたら、濡れた床ふき用のぞうきんで私を殴った。水に濡れたぞうきんは重く、ムチのように殴られたとき痛い。私が泣くと「なんで泣くの、ウルサイ」そう言って今度は私の髪をつかんでゆさぶった。私は泣き声を殺し、母の暴力に耐えた。

■事例2

わたしは25歳です。ずっと、3歳になる娘になぜこんなにも冷たくできるのかと、時折考えていました。娘はおとなしく、親の手をわずらわせることなく、私も普通の親だと思っていました。でも娘が1歳になり、2歳になり、私の小さい頃とだぶって見えてくるようになると、私が小さい頃、私の母に「お前なんか生まれなければよかった」「死んでしまえ」と言葉の暴力を受けていたことを思いだしたのです。娘にも同じような事をしていたのです。

■事例3

夫に借金があるのがわかり、息子が6ヶ月になった頃から、泣き声が耳につき、だんだんうるさくなりました。息子はいい子なのに、私はミルクをあげるのがおっくうで、お腹がすいて泣くのを放っておくのです。息子は泣き疲れ、指をしゃぶりながら眠ってしまいます。申し訳なさに涙が出るのですが、また、同じ事をしてしまう二重人格の私がいました。

これらの事例をみて、虐待を受けた人のつらい境遇に胸が痛くなる人、虐待をする人に怒りを覚える人、あるいは誰か助けてくれないのかと切実に願う人もいらっしゃるかと思います。このようなむごい虐待がなぜ生じてしまうのか、そして虐待はどういう捉え方をされているのか、虐待を防いだり虐待を受けた人を守る手立てはどのようなものか、これから考えていきましょう。

1．虐待の類型

日本における児童虐待は児童虐待防止法に基づいて、①身体的虐待、②性的虐待、③ネグレクト（育児放棄）、④心理的虐待の４種類に分類されます。

高齢者と障害者の場合は、これら４つに加えて、⑤経済的虐待が加わります。

表1．虐待の類型

身体的虐待	児童の身体に外傷が生じ、または生じるおそれのある暴行を加えること 例：殴る、蹴る、投げ落とす、激しく揺さぶる、やけどを負わせる、溺れさせる、異物を飲ませる、首を絞める、一室に拘束する　など
性的虐待	児童にわいせつな行為をすることまたは児童をしてわいせつな行為をさせること 例：子どもへの性的行為、性的行為を見せる、性器を触る又は触らせる、ポルノグラフィの被写体にする　など
ネグレクト（育児放棄）	児童の心身の正常な発達を妨げるような著しい減食又は長時間の放置、保護者以外の同居人による身体的虐待・性的虐待・心理的虐待と同様の行為の放置その他の保護者としての監護を著しく怠ること 例：家に閉じ込める、食事を与えない、ひどく不潔にする、自動車中に放置する、重い病気になっても病院に連れて行かない　など
心理的虐待	児童に対する著しい暴言又は著しく拒絶的な対応、児童が同居する家庭における配偶者に対する暴力（配偶者（事実婚も含む）の身体に対する不法な攻撃であって生命又は身体に危害を及ぼすもの及び是に準ずる心身に有害な影響を及ぼす言動をいう。）その他の児童に著しい心理的外傷を与える言動を行うこと。 例：言葉による脅し、無視、きょうだい間での差別的扱い、子どもの目の前で家族に対して暴力を振るう（面前 DV）[注1] など
経済的虐待（高齢者・障害者のみ）	高齢者・障害者の財産を不当に処分すること、この他当該高齢者・障害者から不当に財産上の利益を得ること。 例：日常生活に必要な金銭を渡さない／使わせない、本人の自宅等を本人に無断で売却する、年金や預貯金を本人の意思・利益に反して使用する　など

児童虐待の定義で明記された内容以外にも、児童に対する不適切な養育や関わりについて広い意味を持つマルトリートメント（不適切な養育・関わり）があります。

マルトリートメントの概念では、児童虐待で定義される、ある程度児童虐待が起きている状況が、様々な情報や状況から明らかに推測できるもの以外にも、今は虐待という状態ではないけれど、これから虐待に発展する危険性のあるようなグレイゾーンの状態も含まれます。

世界保健機構（WHO）[ii]は、マルトリートメントを次のように定義しています。

児童マルトリートメントは18歳未満の児童に対する虐待とネグレクトである。虐待には、身体的虐待、心理的虐待、性的虐待、ネグレクト、商業的またはその他の搾取[注2]、のすべての形態を含む。それは責任、信頼、権力の関係という文脈の中で、子どもの健康、生存、発達あるいは尊厳への実際的な、または潜在的な被害をもたらす。親しいパートナーの暴力への暴露もまた児童マルトリートメントの形態に含まれることもある。

注1　DV（ドメスティック・バイオレンス）とは、夫婦など親密な関係にあるパートナー間の暴力を言います。DVは、被害者への身体への影響に加え、不眠症、自律神経失調症、PTSDなど深刻な精神的影響をもたらします。そのため、暴力を振るわれている被害者が精神的に追い詰められ、子どもを虐待してしまう場合もあります。

またDVの加害者は、子どもを巻き添えにすることも多いとされています。子どもが直接暴力を振るわれていなくても、子どもの見ている前で暴力を振るうことも、子どもにとっては耐えがたい苦痛になります。その結果、いつもおびえていたり、情緒的に不安定になったり、中には不登校や引きこもり、他の子どもに暴力を振るうようになるといった問題が生じる子どももいます。

2004年の児童虐待防止法の改正で、DVが子どもへの心理的虐待に当たることが盛り込まれ、面前DVと呼ばれるようになりました。

注2　商業的またはその他の搾取とは、児童労働、人身売買、臓器提供者、児童売春、少年兵士、といったものが対象になります。

Column

増加傾向にある児童虐待の相談件数

全国の児童相談所における児童虐待に関する相談件数は、児童虐待防止法施行前の平成 11 年度 11,631 件に比べ、平成 28 年度には 122,575 件と約 10.5 倍に増えている。

また、平成 30 年 8 月 30 日の速報によると、平成 29 年度は 133,778 件で前年度比 109.1%となっている。

児童相談所での児童虐待相談対応件数とその推移

1. 平成29年度の児童相談所での児童虐待相談対応件数
平成29年度中に、全国210か所の児童相談所が児童虐待相談として対応した件数は133,778件（速報値）で、過去最多。

※ 対前年度比109.1%（11,203件の増加）
※ 相談対応件数とは、平成29年度中に児童相談所が相談を受け、援助方針会議の結果により指導や措置等を行った件数。
※ 平成29年度の件数は、速報値のため今後変更があり得る

2. 児童虐待相談対応件数の推移

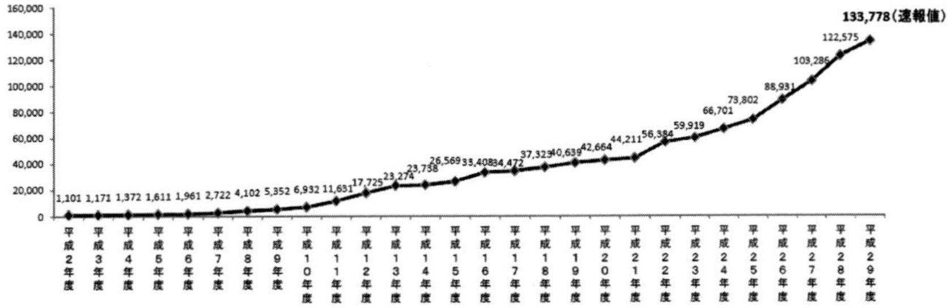

年 度	平成20年度	平成21年度	平成22年度	平成23年度	平成24年度	平成25年度	平成26年度	平成27年度	平成28年度	平成29年度（速報値）
件 数	42,664	44,211	注 56,384	59,919	66,701	73,802	88,931	103,286	122,575	133,778
対前年度比	105.0%	103.6%	–	–	111.3%	110.6%	120.5%	116.1%	118.7%	109.1%

注）平成22年度の件数は、東日本大震災の影響により、福島県を除いて集計した数値。

3. 主な増加要因
○ 心理的虐待に係る相談対応件数の増加（平成28年度：63,186件→平成29年度：72,197件（+9,011件））
○ 警察等からの通告の増加（平成28年度：54,812件→平成29年度：66,055件（+11,243件））

（平成28年度と比して児童虐待相談対応件数が大幅に増加した自治体からの聞き取り）
○ 心理的虐待が増加した要因として、児童が同居する家庭における配偶者に対する暴力がある事案（面前DV）について、警察からの通告が増加。

出典：厚生労働省 児童虐待相談対応件数

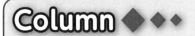

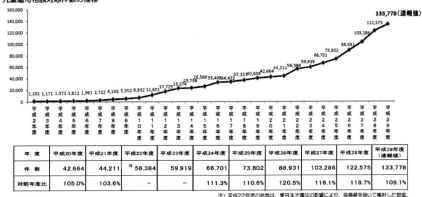

2. 児童虐待の現状について（子ども虐待による死亡事例等の検証結果等について第14次報告[iii]から）

厚生労働省が、都道府県等に対して調査した結果、平成28（2016）年4月1日から平成29（2017）年3月31日までの間に発生し、または表面化した子ども虐待による死亡事例は67例（77人）ありました。その中で、心中以外の虐待死は49例（49人）でした。

死亡した子どもの年齢は、0歳が32人（65.3%）と最も多く、特に、0歳のうち月齢0ヶ月児が16人（50.0%）と高い割合を占めています。

虐待の種類は、身体的虐待が27人（55.1%）、ネグレクトが19人（38.8%）でした。

主たる加害者は、「実母」が30人（61.2%）で最も多く、次いで「実母と実父」が8人（16.3%）で、実母と実父による虐待が行われていることがほとんどであることが分かります。

虐待を行った動機としては、「保護を怠ったことによる死亡」「子どもの存在の拒否・否定」などの理由が挙げられています。

実母が抱える問題としては、「予期しない妊娠／計画していない妊娠」「若年（10代）妊娠」があります。

養育者（実母）の心理的・精神的問題等では、「育児不安」が14例（28.6%）、「養育能力の低さ」が10例（20.4%）などでした。ここでいう養育能力の低さとは、子どもの成長発達を促すために必要な関わり、例えば、授乳や食事、入浴（沐浴）、情緒的な要求に応えること、子どもの体調の変化を見つけること、安全面への配慮等があります。このような関わりが適切にできない場合をいいます。

Ⅱ. 時代によって異なる概念

前節では虐待が幅広い意味を持つことを説明しました。それに加えて、時代によって虐待の意味は変遷して異なる概念として扱われてきました。そこで、厚生労働省「子ども虐待対応の手引き[iv]」に基づいて、時代によって異なる虐待の意味について説明します。

日本では、昭和８（1933）年に児童虐待防止法（旧児童虐待防止法）が制定されました。経済恐慌や凶作のなかで、子どもが家計を助けるための道具として扱われたことが､法律の制定された背景にあります。この法律の中では、親や保護者による虐待や放任、軽業（危険な曲芸を身軽にこなすもの）、見せもの、曲芸、物売り、乞食などに保護者や親が児童を使うことを禁止しています。

当時の子ども虐待の背景には、絶対的な貧困と家父長的な家族制度により、親（特に父親）の言うことは絶対でその意に反することはできませんでした。言い換えると、子どもの人権が認められている時代ではありませんでした。

第二次世界大戦後の昭和22（1947）年に、児童福祉法が制定され、旧児童虐待防止法は廃止されました。新しい児童福祉法の中では、子ども虐待に関して児童相談所ができる事項が次のように記載されています。

・虐待を発見した者は児童相談所への通告の義務がある（児福法第二十五条）
・虐待が疑われた家庭への立ち入り調査をする（児福法二十九条）
・保護者の同意を得ずに子どもを一時保護できる（児福法第三十三条）
・家庭裁判所の承認を得て子どもを施設入所させる申し立てをする（児福法二十八条）

しかし、児童福祉法には限界がありました。終戦直後の混乱期において、旧児童虐待防止法の一部を児童福祉法に位置付けたものであり、“子どもは親の意思に逆らうことはできない”という意識は変わりませんでした。多くの国民は通告の義務を知らないか他所の家庭には口出ししないという意識が強く、児童相談所も家庭への立ち入り調査や家庭裁判所への申し立てには消極的で、法律は有効に行使されていませんでした。

その後、高度経済成長期を経て絶対的な貧困の問題が解消されて日本が徐々に豊かになりました。1970年代に入り、新生児が鉄道駅のコインロッカーに遺棄される「コインロッカーベイビー」が国内に多発的に発生し､子殺し･遺棄･虐待が社会的に注目されました。こうした事件を契機に、公的機関が低年齢の児童を対象にした虐待の実態が調査されるようになりました。

昭和48（1973）年に厚生省による「児童の虐待、遺棄、殺害事件に関する調査」、昭和51（1976）年には大阪府児童相談所による「虐待をうけた児童とその家族の調査研究」、昭和58（1983）年には「児童虐待調査研究会による調査」、昭和63（1988）年には全国児童相談所長会による「家庭内虐待調査」が実施されました。この時期、精神衛生学者の栗栖（1974）[v]は、児童虐待は高度経済成長期に入って急増したわけではなく以前から常態的にみられていたこと、母親の道義上の問題として非難するだけでは児童虐待は解決しないと述べています。

現在の虐待の定義が形成され始めたのは、平成元（1989）年の国連総会で「児童の権利に関する条約」が採択されたことがきっかけとなります。条約第19条1には、

1　締約国は、児童が父母、法定保護者又は児童を監護する他の者による監護を受けている間において、あらゆる形態の身体的若しくは精神的な暴力、傷害若しくは虐待、放置若しくは怠慢な取扱い、不当な取扱い又は搾取（性的虐待を含む。）からその児童を保護するためすべての適当な立法上、行政上、社会上及び教育上の措置をとる。

とあり、国際条約の中に初めて子ども虐待やネグレクトが明記されました。

児童の権利に関する条約を契機として、厚生省は平成2（1990）年度から児童相談所における虐待を主訴とする相談処理件数を厚生省報告例により公表することになりました。そして、平成9（1997）年度に、児童福祉法が大幅に改正され、複雑多様化する子ども家庭問題と虐待に的確に対応できるよ

う、児童相談所を専門的にバックアップする仕組みが作られました。

そして平成12（2000）年5月17日に、子どもに対する虐待の禁止、児童虐待の定義、虐待の防止に関する国及び地方公共団体の責務、虐待を受けた子どもの保護のための措置等を定め、虐待の防止等に関する施策の推進を図ろうとする「児童虐待の防止等に関する法律」（平成12年法律第82号）（以下、「児童虐待防止法」という。）が成立し、5月24日に公布され、11月20日より施行されることになりました。

そして、平成16（2004）年には通告義務の範囲の拡大や、同居人による放置も定義の対象追加するなどの改正、平成19（2007）年の立入調査の強化や保護者による面会の制限などを加えるなど、児童福祉法とともに順次改正してきました。

さらに、平成31・令和元（2019）年には、しつけ名目での体罰禁止や配偶者暴力対策との連携強化をふくむ、より一層の対応のための改正が行われました。

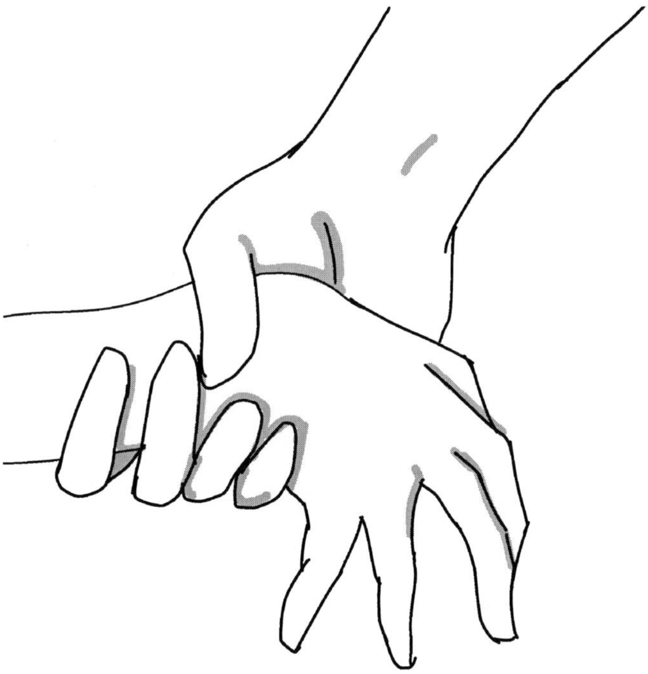

Ⅲ．虐待を引き起こす要因

厚生労働省の子ども虐待対応の手引き[vi]によると、児童虐待の背景には、家族の構造的な問題があると指摘されています。何が虐待を招くのかという虐待が起こる要因については、以下の４つの視点から捉えることができます。

１．保護者側のリスク要因

保護者側のリスク要因には、①妊娠・出産、②育児、③保護者自身の性格や精神的に不安定な状態によるものが挙げられます。

①妊娠・出産

例えば、10代から20代前半の若い頃に妊娠してしまったり、母親は妊娠を望んでいないのに妊娠してしまったりすることです。妊娠したことを受け入れられずにそのまま出産に至ってしまうと、母親として子どもにどう接して良いかわからずに困惑してしまい、子どもを受容することができないことがあります。

また早産などの正常分娩以外の出産等何らかの問題が発生したことで胎児の受容に影響が出たり、出産後の子どもの長期入院によって子どもへの愛着形成が十分に行われない場合も見られます。

母親が妊娠出産を通してつわりによる体調不良や、マタニティブルーズや産後うつ病など精神的に不安定な状況に陥っている場合もあります。

②育児

保護者が精神的に未熟である場合は、育児に対する不安や日常的な生活ストレスが蓄積しやすくなります。例えば、子どもが小さいと食事・着替え・入浴などに手間がかかってしまい、保護者は食事もゆっくりできず、また自分が楽しむ時間を持てないことで、イライラしたり精神的に不安定になったりします。食べるのが遅いとかぐずって泣き止まないとか、子どもの年齢を踏まえると当たり前の行為であっても、育児の知識を持たないことが原因でイライラしてしまい、虐待行為に至ることもあるのです。

また、保護者の強迫観念に基づく子育て、あるいは特異な育児観を持って子どもの発達を無視した過度な要求をする子育てもリスク要因として挙げられます。強迫観念的な人は、日課や秩序に過度にこだわり、「子育てはこうしなければならない」と考えてしまうため、柔軟性に欠けるところがあります。子育ては予定や計画通りに進むことはまずありませんが、保護者の思う通りに進まないことがイライラやストレスを募らせてしまう要因になるのです。

③性格

保護者が攻撃的・衝動的な性格を持っていることは、育児の際に暴言・暴力に頼ってしまうリスク要因になります。また、保護者が精神障害や知的障害、慢性疾患、アルコール依存、薬物依存等の病気を患っていることもリスク要因となります。さらに、保護者自身が虐待を受けて育ち、現在に至るまで適切なサポートを受けていない場合も、子どもに虐待を繰り返してしまうリスクとなることがあります。

2．子ども側のリスク要因

①乳児・未熟児、②障害児、③性別や外見、④性格など、養育者にとって何らかの育てにくさを持っている場合にリスク要因になります。

①乳児・未熟児

未熟児で誕生して母親から離れてすぐに保育器に入ってしまい、出産後の愛着関係を築くことができない場合があります。また、先天性の疾患を持って生まれて専門的な育児が要求される場合には、保護者に過大な負担を強いることが予想されます。

②障害児

子どもに知的障害や発達障害など何らかの障害があると、育児に専門的な配慮が求められて子育てに対する困難感が大きくなります。

③性別・外見

極端な場合ですが、性別そのものがいらない、可愛くないという親の認知につながることもあります。家の跡取りは男の子でなければならないとか、かわいい女の子が欲しいと願っていたのに、欲しい性別とは異なる子が生まれた場合、この子は要らないと思ってしまったりする場合があります。

また、自分に似たところがたくさんあって欲しいと思っている場合や、良好な夫婦関係が築けていない場合に、配偶者に似ているだけで憎悪の気持ちが起きることもあります。容貌などの特徴や、髪の毛の質、肌の特性といった外見的な特徴が、時には「可愛くない」という感情を親に抱かせてしまうこともあります。

④性格

よく泣いてなだめにくい子どもや、かんしゃくを起こしやすい子ども、また我が強くて自分の要求にこだわる子どもは、保護者の怒りを引き出しやすいと言われます。保護者の言うことにいちいち反抗したりする子どもは、保護者の期待する行動や反応に背くことになり、それがストレスとなって虐待を引き起こすことにもなります。

3．養育環境のリスク要因

養育環境のリスク要因としては、①家庭の経済的困窮と、②社会的な孤立が大きく影響しています。

①家庭の経済的困窮

保護者が失業していたり転職を繰り返していたり、ひとり親で小さな子どもを抱えていて働くことができない場合、収入が安定せず先の見通しが立たないことから不安とストレスが生じます。正社員でも低賃金で働くことを余儀なくされていたり、非正規雇用や派遣社員といった場合にも、子どもの育児や教育に回すお金の余裕がなく、ネグレクトにつながることも予想されます。

②社会的孤立

未婚を含むひとり親家庭、転居を繰り返す家庭、内縁者や同居人がいる家庭、離婚や再婚が繰り返される家庭では、安定した人間関係を保つことが困難です。こうした家庭では、親族や隣近所の人たちや友人との関係もうまく築くことができずに孤立してしまうことが多いのです。

孤立した家庭は、子育てに関する情報を持たなかったり、情報を得る手段がなかったりする状況にあり、一人で不安を抱え込んでしまい虐待のリスクを高めることにつながるのです。

この他、夫婦の不和や配偶者からの暴力（DV）、他のきょうだいへの虐待がある場合も、リスク要因といえます。

4．その他のリスク要因

その他、保護者が胎児や自分自身の健康に無頓着なこともあります。例えば妊娠中であれば、妊娠届が遅いことや母子健康手帳の交付を受けていない、妊娠中に妊婦健康診査を受診しない場合は注意が必要です。また、飛び込み出産や医師や助産師の立ち会いがない自宅での分娩、出産後に定期的な乳幼児健康診査を受診させないことなどは虐待リスクがあると考えられます。

いずれにせよ、医療・福祉等の関係機関との関わりがない、あるいは支援を拒否する場合は虐待のリスクが高いと想定されます。

Ⅳ．虐待が子どもに与える影響

虐待は子どもに対するもっとも重大な権利侵害であり、子どもの心身に様々な傷跡を残します。虐待の影響は虐待を受けていた期間、虐待の態様、子どもの年齢や性格等によって様々ですが、いくつかの共通した特徴が見られます。

1．身体への影響

身体的虐待によって、殴る、蹴る、物で叩くといった暴力により、打撲や切り傷を負ったりします。頭を強く打ち付けられると、頭の骨が陥没したり、脳内出血を起こすこともあります。タバコの火を押し付けられたり、熱湯をかけられたりして熱傷《やけど》を負うこともあります。

ネグレクトによって、食事を十分に与えられないことで栄養障害や低身長、低体重になります。また、お風呂に入れない、同じ服をずっと着させられることによって身体の極端な汚れや湿疹などが見られます。

心理的虐待では、保護者から子どもへの愛情不足によって成長ホルモンが抑えられた結果、発育や発達の遅れが見られることがあります。

性的虐待では、性器や肛門などの裂傷が生じたり、性感染症になったりします。子どもが望まない妊娠をしてしまう場合もあります。

身体的虐待が重篤な場合は、重い障害が残ったり、最悪死に至る可能性があります。

2．知的発達面への影響

家庭で虐待が生じると、子どもは安心して生活する場所を失います。落ち着いて勉強をすることができなかったり、学校への登校もままならない場合もあります。そのために、学力が低下して知的な発達が十分に得られない事態が生じます。

また虐待する保護者は、子どもの知的発達にとって必要な育児・教育をしなかったり（ネグレクト）、逆に年齢や発達レベルにそぐわない過大な要求をしたり（心理的虐待）する場合があります。その結果、子どもの知的発達が阻害されてしまいます。

3．心理・行動面への影響

①対人関係の障害

保護者から虐待を受けた子どもは、保護者との愛着関係を築くことができず、他人との人間関係を築くことが難しくなります。人との信頼関係が持てず、いつも人に対して身構えていたり、常に怒りや恨みの感情を抱いてしまい、何かあるとすぐに興奮して暴力を振るったり暴れたりします。反対に、人との適切な距離感が分からずに、誰に対してもべたべたと甘える子どももいます。

②低い自己評価

保護者からほめてもらえず、いつも否定的な言葉を浴びせられていると、何事にも自信が持てなくなります。また、子どもは自分が悪いから虐待されるのだと思ったり、自分は愛情を受ける価値がないと感じたりすることがあり、そのため自己に対する評価が低下した状態になることもあります。

③衝動性

保護者から暴力を受けた子どもは、暴力で問題を解決することを学習します。そのため、学校や地域で自分の思い通りにならないときなど粗暴な行動をとることがあります。自分の欲求のままに振る舞い、攻撃的・衝動的な行動によって他者を傷つけることになるのです。

④多動

虐待的な環境で養育されることは、子どもを刺激に対して過敏にさせることがあります。ちょっとした物音でも、保護者に殴られるかもしれないと感じてビクビクしたりするのです。そのために常にそわそわして、落ち着きのない行動をとるようになります。

⑤心的外傷後ストレス障害

虐待によって受けたトラウマ（心の傷）は適切な治療を受けないまま、放置されると将来にわたって心的外傷後ストレス障害（PTSD）として残ります。軽い注意を受けたり、体に触れられたりするなどのちょっとしたきっかけで、自分が虐待された光景が頭の中によみがえり、おびえてパニックになることがあります。

⑥偽成熟性

虐待を受けた子どもは、大人の顔色を見ながら生活をするようになります。そして、大人の要求に従って、要求を先取りした行動を取り、ある面では大人びた行動をとることがあります。一見よくできた子どものように見えますが、虐待を受けないように常に顔色を伺うといった無理をした状態といえるのです。

⑦精神的症状

精神的に病的な症状を呈することもあります。記憶障害や意識がもうろうとした状態、離人感が見られることがあります。さらに、虐待というあまりにもつらい現実を受け入れることができず、解離性同一性障害に発展する場合もあります。

このように、虐待は子どもの心身に深い影響を与えます。その回復のためには長期間の治療やケアが必要になるのです。

Column

虐待に起因する疾病・障害

①反応性愛着障害（Reactive attachment disorder）

生後５歳未満までに親やその代理となる人と愛着関係がもてず、人格形成の基盤において適切な人間関係を作る能力の障害に至ったものを指します。乳幼児期からの被虐待児にしばしばみられます。人に突然飛びついたり、養育者が近づくと逃げたり、逆らったり、甘えたりするなど、通常では見られない不安定で複雑な行動を示します。成長後も人生において、長期にわたり影響を受け、感情的な攻撃、自分の子どもに対して虐待をしてしまう傾向があります。

②乳幼児揺さぶられ症候群（Shaken Baby Syndrome）

新生児や乳児の体を過度に揺らすことで発生する内出血等の外傷をいいます。新生児の体を強く揺すったり、振り回したりすることで発生します。揺らすことで頭に損傷を受け、頭蓋骨内の圧力が上昇し、脊髄及び頸部が損傷したり、様々な箇所が骨折したりしてしまいます。脳に障害が発生した場合、運動障害や言語障害、知的障害が発生するおそれがあります。重篤な場合は死亡することもあります。常識的なあやし方で問題は起こりませんが、赤ちゃんを掴んで激しく揺さぶったり、豪快に振り回したりしてしまうことで、発生の危険性が高まるとされています。

ケース1

通報から保護へ

近所の人の通報により２歳の女児が児童相談所に保護された。下着姿の女児がベランダで泣いているのを散歩している人が見つけ、通報したのだった。母親によるとおむつをはずすトレーニングをしていたが、失敗したため、その罰としてベランダに出しただけで、しつけの一貫だと言う。これまでも、夜中に子どもの泣き叫ぶ声や大人の怒鳴り声などが聞こえていたが、近所に住む人たちは、トラブルになることを恐れてか、何も言わなかった。

母親Ａ子は、近所のショッピングセンターでアルバイトをしていた 17 歳のとき、後に女児の父親となる 19 歳のＢ男と知り合い、つきあうようになった。まもなく、Ａ子が妊娠していることがわかった。Ｂ男の両親は、若い二人が子どもを育て家庭を持つことに不安を持ち結婚には反対していたが、Ａ子の産みたいという強い希望で籍を入れ出産に至った。後からＡ子は、子どもを中心としたあたたかい家庭を夢見ていた、自分の家庭を持ちたかった、と回想している。

Ａ子は、運送業に携わる父親と近所のスーパーでパートをしている母親との間に、長女として生まれた。父親は、寡黙で家では誰ともほとんど話をしなかった。しかし、気性が激しいところがあり、職場で人間関係がうまくいっていないときは、家で酒を飲みながら、Ａ子や母親に対して暴言を吐いたという。

父親は若い頃からいくつもの職場を転々としてどの仕事も長続きせず、母親がパートに出て家計を補っていた。稼ぎが少ないだけでなく、長距離トラックの運転手として働いていたときに起こした事故の責任をとらされ、会社のトラックや相手の車の修理費を支払った借金も、長く抱えていたらしい。当時の会社は保険にも加入せず、運転手である父親の自己責任だとして、一切保障等にもかかわらなかった。いつの頃からか、父親は家にいることが多くなり、酒を呑む量も増え、Ａ子や母親に対して暴力も振るうようになった。それに耐えられず母親はＡ子が 10 歳の時に離婚した。下に７歳の妹と６歳の弟がいた。

Ａ子は父親がいなくなったことは淋しかったが、父親の暴力から逃れられたことにホッとした。しかし、母親と家で一緒にいられると思っていたが、母親は３人の子どもを育てるために昼間のパートに加えて夜の仕事にも就き、ほとんど家にいなかった。そのため、妹や弟の世話は、まだ小学生のＡ子の役目になった。母親が夕食を作って出かけるときもあったが、その回数も段々少なくなり、学校から戻ると机の上にお金が置かれていることが多くなった。そのお金で近くのコンビニに行き、お弁当やパンを買った。

家で勉強をしたこともなく、成績のあまり良くなかったＡ子は、地元の県立高校にかろうじて進学したものの、放課後は生活のためにアルバイトをしなければならず、学校ではＡ子は孤立していた。妊娠がわかったときには、高校生活にそれほど興味のなかったＡ子は担任に言われるままに退学することになったのだ。

女児が生まれる３ヶ月ほど前に、身内だけで結婚式を挙げた。その時の写真には幸せそうなＡ子が写っていた。

そして、Ａ子は3,200ｇの元気な女児を産んだ。最初は慣れない育児に戸惑ったが、女児がお腹が空いてミルクを欲しがって泣くことが、自分を必要とされているようで、また自分しか女児を守る人がいないと感じ、そのことが嬉しかった。しかし、睡眠時間もろくにとれず、その上、家事もこなさなくてはならないことに、だんだんと、女児の泣き声がうっとうしく感じるようになってきた。真夜中であろうと、Ａ子の都合に関係なく泣いたり、急に熱を出したり、子育ては想像もしていなかったことの連続だった。

Ａ子が子育てに疲れを感じ始めた頃、Ｂ男はというと、仕事から帰ってきてもゲームばかりして、Ａ子を手伝おうとしなかった。ちょっと気に入らないことがあるとＡ子を怒り、そのまま家を出て行ってしまうこともあった。Ａ子は一人、泣き続ける女児と家に取り残されることになった。その頃、Ａ子の母親とは疎遠になっており、相談をしようとも思わなかった。また、Ｂ男の母親は介護の必要な実家の祖父の世話をしていて、とても相談できる状況ではなかった。

やがてだんだんと、食事を作るのも面倒になり、コンビニのお弁当を買ってくるようになった。台所に洗い物がたまり、取り込まれたままの洗濯物も床に積まれるようになっていった。

そしてそのうちに、女児は成長と共に目が離せなくなり、Ａ子にとっては自分の時間が全くなくなった気がするようになっていた。中学時代の友人たちは、ショッピングに行ったり、遊びに行ったりして 19 歳という時代を楽しんでいた。そのこともまた、A 子の自分だけが取り残されたように感じる気持ちに拍車をかけた。全てが女児のせいだと思うようになり、そのストレスが女児に向いていった。少しでも泣くと、「泣くな !!」と叩いたり、口をふさいだり、女児が泣きながら A 子の足元にすがるように後追いするようになると、泣き続ける女児をおいて家を出るようになった。しばらく近くのゲームセンターやコンビニで過ごし、戻ってみると、女児は泣き疲れたのか、指を吸いながら寝ていた。

A 子の住む R 市には、子育て支援として、“親と子のつどい広場”“乳幼児一時預かり”“子育て応援パスポート”等があるが、どれも A 子は利用していない。行政に相談に行くことも、子育て支援があることも知らなかったと後から語っている。

児童相談所の判断により、女児はしばらく児童養護施設で生活しながら、家族と生活できる日を待つことになった。

第１章　児童虐待

Ⅰ．児童虐待の実態

平成 29（2017）年度福祉行政報告例[vii]（平成 30 年 11 月発表）によると、平成 12（2000）年に児童虐待防止法が制定されて以来、全国の児童相談所における児童虐待に関する相談対応件数は一貫して増加しています。統計を開始した平成 2（1990）年は 1,101 件、児童虐待防止法制定直前の平成 11（1999）年度は 11,631 件でしたが、平成 29（2017）年度は 133,778 件となっています。

虐待の種別をみると、「心理的虐待」が 72,197 件と最も多く、次いで「身体的虐待」が 33,223 件となっています。心理的虐待の割合は年々上昇しており、平成 25（2017）年度から身体的虐待を抜き、最多となっています。

児童虐待の相談種別対応件数の年次推移

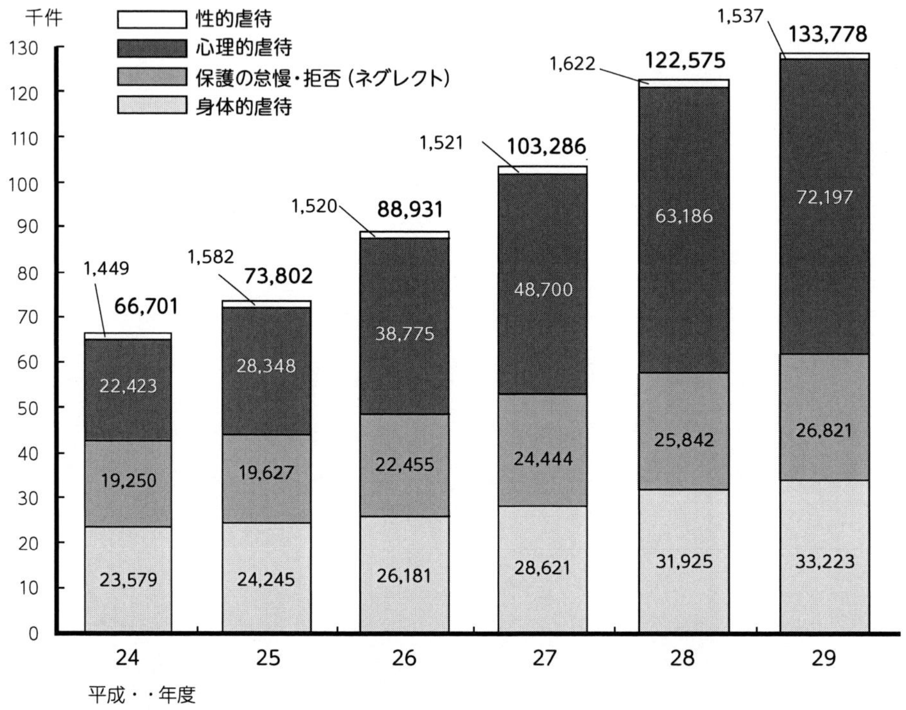

被虐待者の年齢別にみると「7～12 歳」が 44,567 件（33.3%）と最も多く、次いで「3～6 歳」が 34,050 件（25.5%）、「0～2 歳」が 27,046 件（20.2%）となっています。

虐待を受けた児童の年齢別対応件数

	0〜2歳	3〜6歳	7〜12歳	13〜15歳	16〜18歳	総　数
件　数	27,046	34,050	44,567	18,677	9,438	133,778
構成割合	20.2%	25.5%	33.3%	14.0%	7.1%	100.0%

主な虐待者別構成割合をみると「実母」が46.9%と最も多く、次いで「実父」が40.7%となっています。「実父」の構成割合は年々上昇し、実母・実父で児童虐待全体の87.6%を占めています。

主な虐待者別構成割合

	実母	実父	実母以外の母親	実父以外の父親	その他	総　数
件　数	62,779	54,425	754	8,175	7,645	133,778
構成割合	46.9%	40.7%	0.6%	6.1%	5.7%	100.0%

児童相談所に寄せられた虐待相談の相談経路は、警察等54,812件（44.7%）が最も多く、次に近隣知人17,428件（14.2%）、家族9,538件（7.8%）、学校8,850件（7.2%）の順になっています。児童本人から助けを求める件数は1,108件（1.0%）と非常に低くなっています。

相談・通報・届出者（複数回答）

	警察	近隣知人	家族	学校	本人	その他
件　数	54,812	17,428	9,538	8,850	1,108	30,839
構成割合	44.7%	14.2%	7.8%	7.2%	1.0%	25.2%

（注）構成割合は、相談・通報件数122,575件に対するもの
・平成28年度福祉行政報告例「統計表24　児童相談所における児童虐待相談の対応件数，都道府県－指定都市－中核市×児童虐待相談の経路別」をもとに著者作成

なお虐待の相談・通告の統計を取り始めた平成2（1990）年と比較すると100倍以上の数値になります。これらの数値は、相談・通告に対応した件数なので、昔は虐待が少なく近年になって虐待の件数が急増したと断定するものではありません。

とはいえ、平成28年版子供・若者白書[viii]では、虐待行為そのものが増加していることと、社会の虐待に対する理解が深まったことにより、虐待件数が増加したと述べています。前者については、心理的虐待の一種である面前DVについて、警察からの通告が増加していること等が指摘されています。後者については、児童相談所の全国共通ダイヤルが3桁の「189」にされて電話での相談・通告がしやすくなったことがあります。加えて、マスコミによる児童虐待の事件報道などによって、国民や関係機関の児童虐待に対する意識が高まり、それに伴って通告が増加していると述べられています。

Ⅱ．虐待としつけの違い

「言うことを聞かなかったから叩いた」「わがままを言うので殴って親の言うことを聞かせた」「悪いことをしたのでビンタして教育した」という具合に、しつけと称して体罰を与える例もみられます。ここで、しつけと虐待の違いを考えてみましょう。

しつけという言葉は、裁縫で縫目が狂わないように、仮にざっと縫いつけておくことを示し、それが転じて社会・集団の規範、規律や礼儀作法など慣習に合った立ち居振る舞いができるように訓練をすることを意味するようになりました。漢字では「躾」と書き、身だしなみを美しくすると解釈できます。岡本夏木[ix]はしつけについて次のように述べています。

しつけ糸をはずすことは、いうまでもなく、子どもを本人の自律にゆだねることです。しつけとは、もともと自律に向けてのしつけなのです。外からの強制によって社会のきまりをあてがうことよりも、むしろそうした外的強制をとりはずすことをめざすものです。しつけが不要になるようにしつける、といってよいかもしれません。

子育てにおける“しつけ”とはきびしく、きっちりと叱る、教えるという行為を指すのではなく、やがて外されることを前提に子どもの自律を促すためのものだと解釈できます。そのため、子どもの欲求や理解度に大人がしっかり配慮して、基本的な生活習慣や社会のルールやマナーなどを身に付けるよう働きかける必要があります。

適切なしつけでは、大人が子どもを誉めたりしかったりする中で、子どもが「何をしたら誉められるか」、「何をしたら叱られるか」を学習することができます。つまり大人の褒めたり叱ったりする言動が一定のルールに基づいていると理解することが可能です。しつけのルールを理解して、子どもは外界との関わりの中で自分が上手にやれているという感覚、つまり自律性を身に付けていくのです。

一方で体罰とは、教育的な名目を持って、肉体的な苦痛を与える罰を加えるものです。乳幼児は、空腹や孤独・便意・濡れた衣服にまつわる不快感に対して敏感で、泣く事によってこれらの不快な状態の改善を本能的に要求します。自分では何も解決できない乳幼児が、このような手段を用いて要求するのは至極当然の反応であるのですが、性格的に未熟だったり、精神的に疲れていたり、ノイローゼ状態だったりする保護者にとっては、これらの要求を煩わしく感じる事も少なくありません。我慢するしつけと称して体罰よりもエスカレートした児童虐待を行う場合があるのです。

学校教育法では第11条に体罰を加えることはできないと明示されています。しかし、家庭内の体罰は、民法で定められた親の「懲戒権」(822条)を根拠に許されるという風潮が根強く残っています。

そこで社会問題化している子ども虐待を防止することを目的として、平成24(2012)年に民法の一部が改正されました。そして、第820条監護及び教育の権利義務の項に「子の利益のために」という文言が付け加えられました。

第820条(監護及び教育の権利義務)
親権を行う者は、子の利益のために子の監護及び教育をする権利を有し、義務を負う。
第822条(懲戒)
親権を行う者は、第820条の規定による監護及び教育に必要な範囲内でその子を懲戒することができる。

「子の利益のために」という言葉が挿入されたことで、懲戒は子どもの養育に必要な範囲内に限られると明示された点に着目すべきです。この改正によって親が子どもを自由にできる権利を持つのではなく、子の利益のために監護・教育の権利を行使しなければならないとされたわけです。ただし、第822条(懲戒)の具体的な懲戒方法の定めがなく、殴る・蹴るといった行為が正当化される恐れが残されています。

こうした中、平成25（2013）年に改正された厚生労働省「子ども虐待対応の手引き」には子どもを「叩く」行為が身体的虐待に該当すると明示されました。

> *（個別事例において虐待であるかどうかは）保護者の意図の如何によらず、子どもの立場から、子どもの安全と健全な育成が図られているかどうかに着目して判断すべきである。保護者の中には自らの暴行や体罰などの行為をしつけであると主張する場合があるが、これらの行為は子どもにとって効果がないばかりか悪影響をもたらすものであり、不適切な行為であることを認識すべきである。*
>
> （改正子ども虐待対応の手引き）

しつけとは暴力で親に従わせることではありません。しつけという名目の体罰は、親が自分の価値観に子どもが服従することを要求するものです。子どもが親の言うことを聞かなかったり、親に対して反抗的な態度をとったりしたとき、あるいは、親が独りよがりな考え方を主張したときなどに、体罰が行われます。子どもは、自分がしたことと罰を受けたこととのルールを理解できず、大人の気分や理解しがたい理由によって罰せられてしまうのです。

子どもは虐待をする親と同じ生活空間の中で、常に、恐怖にさらされることになります。何をするにしても、親の顔色をうかがいながらびくびくと生活せざるを得ません。子どもは自分の力ではどうすることもできないと、決定的な自己評価の低下が起こり、無力感を持つようになります。それが、子どもの心の発達を歪ませていくのです。

Ⅲ．子どもの発達上特有の言動への理解

序章において保護者、子ども、養育環境、その他の４つの要因から虐待が引き起こされることに触れました。ここでは、保護者にとって育てにくさを感じやすい、子どもの発達上特有の言動について掘り下げてみましょう。

１．発達には個人差がある

言葉の発達を例に考えてみましょう。乳児は生後２ヶ月頃から「あうー」などのクーイングという泣き声とは違う発声をします。生後４ヶ月頃から「あーうー」「だーだー」といった意味のない言葉の音声（喃語）を出すようになります。初めて意味のある言葉を発するのは生後10ヶ月頃からです。１歳頃になると「パパ」「まんま」などの一語文を言うようになり、２歳前後で「わんわん、あっち」というような二語文を話せるようになります。

上記の言葉の発達はあくまで平均的なものであって、乳幼児が言葉を発声する時期には大きな個人差が存在します。しかし保護者の中には、「１歳になると意味のある言葉を発することができると育児本に書いてある。でも、うちの子はもうすぐ１歳半になるのに片言しか話せない。」とか「近所の子どもたちと比べても、うちの子どもだけがことばの発達が遅いように思う。」と焦りと不安を抱いて毎日を送る人もいます。

現代はインターネットが充実して、育児情報をすぐに検索できる便利な時代になりました。その反面、「子どもにはこう接しましょう」と断定的な情報、「叱らずにほめて育てましょう」「時には叱ることも大切です」といった矛盾するような情報もインターネット上に氾濫していて、何が正しくて何が間違っているのかがかえって分かりにくい状況が生み出されています。

大切なのは育児に絶対に正しい答えは存在しないことを謙虚に受け止める姿勢です。子どもにも保護者にも個性があります。同じ育児のやり方をした場合でも、上の子にはうまくいったけれど、下の子には通用しなかったということもよくあります。育児本やインターネットにみられる情報はあくまで一般的なものであり、全ての子どもに同じように通用するとは限りません。子どもの発達や育児の方法には個人差があると理解して、情報にあまり振り回されることがない方が良いでしょう。

2．育てにくい性格の子どもへの接し方

よく泣く、かんしゃくを起こす、我が強い、こだわりが強い、なんでも反抗する、など子どもの性格によっては、育てにくいと感じる保護者も少なくありません。保護者が「こうしてほしい」と期待する行動や反応に背くことで、保護者はとまどいを感じたり、自信をなくしたり、時には怒りやストレスを引き起こしたりします。長期にわたって育てにくさに苦しんだことで親子関係に歪みが生じ、その結果、虐待につながってしまうことも少なくありません。

第1次反抗期を例に挙げて考えてみます。子どもが乳児から幼児に成長し、少しずつ言葉を発するようになった後、「これはいや」「あれもいや」と、保護者の言うことに対して何でも嫌と駄々をこねてワガママをいう時期を指します。乳児の授乳や育児には苦痛を感じなかった保護者でも、第1次反抗期は「正直、手に負えなくてまいっている」、「初めて子育てに壁を感じる」と打ち明けられることも多いのです。第1次反抗期は、1歳半～3歳頃に顕著に現れ、世界でも「魔の2歳児」とも呼ばれ、多くの保護者を困惑させているのです。

保護者に対して何でも嫌という行動は何を意味するのでしょうか。大人の目線で言えばわがままの一種にしか見えません。しかし、別の見方をすると、「何でも親の言うとおりにはしたくない」「自分で何かを決めたい、やりたい」という子どもの主体性を表現していると捉えられないでしょうか。そして、「こうしなさい、ああしなさい」と保護者が子どもに伝えたことによって、子ども自身が「こうしたい」という自主性と表現力が遮られてしまい、かんしゃ

くが起こっているといえるのです。

つまり、子どものいやいやは保護者への反抗ではなく、あくまで子どもの「自己主張」と捉えることで、保護者自身も「保護者が嫌いで突っかかってくる」というストレスから距離を置くことができます。むしろ「自分で何でもしたいからいやいや言うのだな」と子どもの目線に立って理解することで、子どもの意欲を上手に引き出しつつ、時には我慢を覚えてもらうという育児・教育の視点に立つことができるのです。

3．子どもの意思を認める

保護者は子どもに自分の考えや行動を強要・強制できると考えている人がいますが、これは間違いです。確かに子どもは大人のように、自分の考えていることや思っていることを言葉で明確に主張したり、行動したりできません。それでも、子どもは自分の意思を持った一人の人間で、決して保護者の所有物ではありません。平成元（1989）年の国連総会において採択された子どもの権利条約では、子どもは単に保護される存在ではなく、権利を行使する主体であると定められています。

つまり、「子どもの最善の利益」という言葉で示されるように、子どもにとって最も大切なことは何なのかを常に考えて関わっていくことが大切です。具体的には、子どもの意見と感情を尊重する、子どもの年齢・性別・背景その他特性に合った対応をする、子どもの様々なニーズに応える、健全な心身の発達を促進することが求められます。

日本には「家の中の問題は家族の問題であり、外部からあれこれ言われる筋合いはない」という考え方が未だに根強く残っています。そうした考えのもとでは、子どもの権利条約が保護者の権利を奪うものだという誤解を生み出す恐れもあります。しかし、この条約の中には親の指導は尊重されなければならないと書かれており、保護者の権利を奪うわけではありません。ただ指示や指導は適切な方法で、発達や能力に応じて援助する必要があることが求められているのです。

Ⅳ．虐待者の養育への無理解・無関心

1．虐待する保護者のタイプ

虐待する保護者のリスク要因の一つとして、精神的に未熟であったり育児に不安を持っていたりする場合は序章にて述べた通りです。ここでは、完璧主義タイプについて説明します。

完璧主義タイプとは、保護者が「育児はこうしなければならない、こうあるべきだ」という観念に基づいて育児に関わる事例を指します。例えば、「食事の際に子どもがスプーンを上手に使ってこぼすことなく全てを食べなければいけない」といった具合に考える傾向があります。また子どもと遊ぶことですら、発育や療育に必要な仕事だ、と捉えてしまい、100％の効果が出るような遊び方を求めてしまうといった具合です。そして、常に何かに追われるように「何か、子どものためになることをしなければいけない」といった焦りを感じ続けるのです。

育児とは、前もって段取りしてテキパキと進めようとしても、予想外のことが起こり、思う通りにはいかないのが常です。保護者自身が何事も計画を立ててその通りに進めるタイプだと、育児は仕事や家事のように計画通りいかないので達成感が得られにくい状態に陥ってしまうのです。先の見通しもつきづらく、子どもと関わること自体が不安とストレスを生み出す要因でしかないと捉えてしまいがちになります。育児に対する理想と現実の食い違いが大きいことが、保護者を苦しめているといえます。

2．虐待の世代間連鎖

保護者が自ら幼い頃に虐待を受けた場合、大人になって自分の子どもに虐待をする確率が高いといわれています。保護者から子どもへ、大きくなった子どもがさらに子どもへ、と世代を超えて虐待が繰り返されていくことを虐待の世代間連鎖といいます。

そのメカニズムについては諸説ありますが、①学習理論と②役割逆転の２つの考え方が代表的です。①学習理論では、保護者の虐待的養育行動をモデルとして学習した結果、同じような養育態度を子どもに対してとってしまうと説明します。「子どもを自分の言いなりにさせるための方法として暴力を行う」ということを経験し、それをモデルとして子育てをするといった形です。②役割逆転では、乳幼児期の被虐待体験により、親子の役割が逆転し、親から満たされなかった愛情欲求をわが子に求めるが、それが満たされない裏切

られたという感情から焦燥感や怒りをおぼえ、虐待をしてしまうと説明します。幼少期に、自分が泣いたのに応えてもらえなかった経験があると、わが子の泣き声が不快感、負の感情を呼び起こすようなことです。

不幸にして、どちらかの、または双方の保護者が、子どもと適切なコミュニケーションをとることができないような特性を持っていて、しかも適切なサポートが得られなかった場合には、保護者自身が育ちの中で被ってきた悪影響が子どもにも伝達されることになります。社会全体としての虐待防止とは、この世代間連鎖を食い止めることであるという側面もあります。

しかし、幼少期における被虐待体験はリスク要因の一つではありますが、虐待を受けた全ての人が虐待をするわけではありません。「虐待を受けた子どもはきちんとした親にはなれない」などというレッテルを貼るだけでは、子どもと保護者にとっても何の利益にもならないことに留意する必要があります。

Column

代理ミュンヒハウゼン症候群（MSBP）

ミュンヒハウゼン症候群は、周囲の関心を引くために自分自身の病気やけがをねつ造することを指します。自分に病気があると嘘をついたり、自分の体を傷つけたり、あるいは既にある病気をことさらに重症であるかのように誇張して、周囲の人からの関心や同情を引いたりします。代理ミュンヒハウゼン症候群の場合、傷つける対象が自分ではなく、代わりに自分の子どもを病人やけが人に仕立て上げます。そして、子どもの病気やけがを必死に看護し、献身的に子育てをしている親を演じてみせて、周囲の人の関心や同情を引こうとするのです。

Column

毒親

「毒親」という俗語があります。元々は、アメリカの精神医学者スーザン・フォワードの『毒になる親』という著書から生まれた言葉です。主な意味としては「子の人生を支配する親」のことを指し、一種の虐待親として扱われることもあります。暴力、暴言、ネグレクト、過干渉等によって、子どもに毒のような悪影響を及ぼします。親には特に自覚がなく子どもを過度に干渉したり、逆に放置したりするのです。時には自分のストレスのはけ口として子どもを虐待したり、時にはかわいいと思い子どもを溺愛して、親と子がお互いの関係にのめり込みやすい傾向がある（共依存）ことが指摘されています。

また、子どもにきょうだいがいる場合、「搾取子」、「愛玩子」といった差別的な扱いがなされるパターンもあります。搾取子とは、親にとって金や老後の保険としか思われていない子どもを指します。放置して罵倒、奴隷のような扱いをし、親なのだから何でも子どもにしてもらうのが当たり前といった育て方をします。搾取子は、潜在意識的に親に頼られるのが嬉しい、愛情を注がれなかった自分が認められる気がして頑張ってしまい、共依存の関係から抜け出せないのです。

愛玩子は、一見可愛がっているようでいて、甘やかすばかりで、きちんと叱らずに育てられた子です。親は愛玩子にはご機嫌を取り、服従しています。無条件で与えられ続けて、搾取子という卑下する対象まで用意されて精神的有意にたてるまでお膳立てされているから、自分で頑張る力が奪われてしまいます。人生をだめにする緩やかな虐待ともいえるでしょう。
　搾取子、愛玩子のいずれにしても、親が子どもをコントロールして当たり前、という感覚から生じてしまいます。子どもを奴隷やおもちゃのように扱い、一人の人間として認めていないところから来る不幸なのです。

ケース2

保育士が育てにくさを発見してくれて支援へ

T男（5歳・男児）の母親M子（26歳）は、高校を卒業後、地元の会社に事務職として就職したが、人間関係がうまくいかず、3ヶ月足らずで辞めてしまった。その後もアルバイトをいくつか始めるが、ちょっとしたミスを注意されると翌日から行かなくなったり、人間関係につまずいたりしてどの職場も長続きせず、結局、アルバイト先を転々と変える状態であった。

父親のG男（26歳）は、高校卒業後、古くからある地元の建設会社に就職した。欠勤も遅刻もなく、まじめに働き、上司や同僚からの信頼も厚かった。しかし、友人はあまり多くなく、同僚と一緒に仕事帰りに食事に行くこともなかった。

G男とM子は同じ高校を卒業しており、高校時代には同じクラスになったことはあったが、お互いに話をしたことはなかった。卒業して1年後、隣の市にある大型ショッピングセンターに買い物に行ったときに、たまたまG男がM子を見かけ、懐かしさもあって声をかけた。それから、時々会うようになり、つきあい始めて結婚。まもなく、長男であるT男が生まれた。

T男は、赤ちゃんのときから疳《かん》の虫が強く、少しの音でも目を覚ましてなかなか寝てくれなかった。T男が寝ている間に少しでも家事を済ませたかったが、T男が起きて泣くのではないかと思うと気が抜けず、ずっと神経を張り詰めた状態だった。あやしても反応が少ない赤ちゃんで、生後しばらくしても表情もあまり変わらず、機嫌がいいのかどうかもよくわからなかった。また、母乳のみで育てようとしていたが、母乳の出が悪くなってしまったため、ミルクで補おうとしてもほ乳瓶やミルクを嫌い全く受け付けなかった。

6ヶ月健診に行くと、保健師から「少し小さいようですね。お母さんちゃんとミルクを飲ませていますか」と言われたことがとても気になり、何とかしてミルクを飲まそうとしても飲まず、ほ乳瓶を無理矢理T男の口に入れることも度々だった。離乳食を始めても、同じ物しか食べなかった。離乳食の本を見ながら時間をかけて作っても、吐き出したり、手ではらいのけたりした。せっかく作った離乳食を全部床にまき散らすことも何度もあった。そのたびにM子は、「どうして、食べないの!!」「私がせっかく作ったのに!!」と叩いたり、体を押さえて無理矢理食べさせようとした。父親のＧ男もまた好き嫌いが多く、親子なので似ていると思った。Ｇ男は子育てに協力的ではあったが、帰宅時間が遅かったり、休日でも出勤したりすることが多く、ほとんどの子育ては母親であるＭ子一人にかかっていた。

Ｔ男が１歳を過ぎ、歩けるようになると、Ｍ子はもっと気が抜けなくなった。近所の公園に連れて行こうとすると、外に出たとたんＭ子の手をふりほどき、走り出してしまう。Ｍ子の制止も聞かず、走り出すと止まらず、道路に飛び出しそうになることも多く、追いかけるのが大変だった。公園内では、お友達のところに走って行き仲良く遊ぶのかと思ったら、お友達のおもちゃを取り上げ泣かせてしまうこともしょっちゅうだった。その度に、相手の子どもや母親に頭を下げ、公園に来ている他の母親たちの冷たい視線が気になり、公園には、人がいないときを見計らって出かけるようになった。

また、１歳６ヶ月の健診では、言葉が少し遅いと言われた。家ではできるだけ本を読み聞かせるようにしているし、話しかけてもいる。こちらの言うことは理解できているようなのに、自分の子育てを否定されたようで、その後の健診には行っていない。

Ｔ男が３歳になり保育園に通うようになっても、Ｔ男の乱暴なところは変わらなかった。お友達を叩いたり、砂場で一緒に遊んでいても、お友達が作った砂山を足で踏んで壊してしまったり、というようなことは日常茶飯事だった。その度、Ｔ男を迎えに行ったときに保育士から、「お母さん、何とかしてください。家でよく言い聞かせてください」と言われ、毎日のように頭を下げた。どうして、他の子と同じように遊べないのだろうか、どうして、一生懸命育てているのに、私だけこんな思いをしなくてはいけないのだろうと思った。その行き場のない感情が、「なんでママを困らせるの！」とＴ男に向けられ、大きな声で叱ったり、叩いたり、夕飯を抜いて押し入れに閉じ込めることもあった。

Ｔ男が４歳になり、担当の保育士が変わり、１ヶ月くらい経ったとき、いつものようにＴ男を迎えに行くと、担当の保育士から、「お母さん、少しお話できますか」と声をかけられた。「また、Ｔ男が何かしましたか。すみません」と先に謝ると、「いえいえ、お母さん、今まで大変だったでしょう…」と保育士から思いもよらない言葉をかけられた。Ｍ子は、意味が分からないまま泣き出してしまった。そして、今まで一人で子育ての悩みを抱えてきて、誰にも相談できず、保育園で他のお友達と同じように出来ないことは母親失格のレッテルを貼られていると感じていた、と話を始めたのだ。

保育士は、Ｔ男が同じおもちゃでしか遊ばないことや、登園したときは必ず園庭の花壇を見に行くことなど、こだわりが強いように感じた。もしかして、育てにくくて困っているのではないかと思い、「一度、保育園の子育て相談の時間があるので、お母さんの困っていることを全て話してみてはどうですか？」とＭ子に声をかけようとしたのだった。

その後、何度か保育園で相談をする中で、療育の専門機関にこの母子をつなぐことができた。そこで、Ｔ男には知的な遅れはないものの、自閉症スペクトラムの傾向があることがわかり、特性に応じた子育て支援を受けられるようになった。そのことで、今まで大声で叱ったり手を出してしまったりしていた自分にさようならができた。

また、母親がＴ男の話をしながら、自分の子ども時代のことを振り返ると同じようなことがあったことも思い出し、幾分の余裕のできた子育てに変わることができた。

第２章　障害者虐待

Ⅰ．障害者虐待の実態

1．障害者虐待とは何か

障害者の40代男性が自宅敷地のプレハブ内に設置された檻（おり）で生活させられていたことが発覚したとして、兵庫県三田（さんだ）市が1月、男性を保護し、福祉施設に入所させたことがわかった。男性に目立った健康被害は見られなかったが、市は虐待と判断。捜査関係者によると、男性には精神疾患があり、檻での生活は20年以上に及ぶという情報もある。県警は監禁の疑いで捜査している。

三田市によると、今年1月16日に福祉関係者から通報があり、担当職員らが同18日に訪ねると、プレハブ内に木製の檻があり、男性が入れられていた。檻は大人が横になれるほどのスペースで、南京錠をかけられるようになっていた。

プレハブ隣の母屋で暮らす男性の父親は市の調査に対し、男性が暴れるため、プレハブ内に檻を設置し、若いころから中に入れて生活させていた、と説明したという。プレハブにはエアコンがあり、檻にはシートが敷かれていた。父親は男性について食事は自宅で食べ、風呂にも入っていた、とも話しているという。

男性の健康状態に問題はなかったが、三田市は虐待と判断。男性を福祉施設に入所させた。県警に連絡したのは約1カ月後で、市の担当者は「長期的な対応が必要と考え、経過を観察していた」としている。男性の障害内容や家族構成については「プライバシーで公表できない」とした。

大阪府寝屋川市では昨年12月、統合失調症と診断された娘が自宅内のプレハブの小部屋に閉じ込められて衰弱死し、両親が監禁と保護責任者遺棄致死の罪で起訴される事件があった。

（朝日新聞　障害ある息子、20年？檻に入れる　父「暴れるため」 2018/4/7）

「私はうそつきです」などと書いたプラカードを首から下げるよう強いられるなど心理的虐待を受けたとして、知的障害のある20代の女性が、入所していた兵庫県姫路市西庄乙の共同生活援助事業所「ぐるーぷほーむみのる」＝廃所＝の運営者だった女性（53）を相手取り、計約330万円の損害賠償を求めて神戸地裁姫路支部に提訴することが1日、分かった。

市によると、運営者だった女性は知的障害のある利用者の女性に対し、約束を守らなかったとの理由で「私はうそつきです」などと書いたＡ４サイズ程度のカードを首から下げるよう強要したほか、施設内に「ごはんの声かけは１度だけ」「時間内に食べなければ“食事なし”」などと記した張り紙を掲げて従業員に指示していた。

市監査指導課の聴取に対し、運営者だった女性は「利用者がうそをつくので、（周りに）迷惑がかからないようにした」と話したという。

入所していた女性の姉（46）によると、女性はストレスから不眠などの症状を訴え、2017年秋に１カ月入院し、その後、市内の別の施設へ移った。「言っちゃいけないと思っていた」と漏らしたといい、「いつもは何でも話してくれる妹。相当怖かったのだと思う」と話している。

（神戸新聞　障害者施設で心理的虐待、提訴へ　2018/8/1）

障害者虐待防止法では、障害者虐待を受けたと思われる障害者を発見した者は、速やかに市町村に通報しなければならないと定められています。同法においては、①養護者による虐待、②障害者福祉施設従事者等による虐待、③使用者による虐待の３つに分けて、虐待への対応や相談・支援体制に係る事項を定めています。

①養護者とは、障害者の身辺の世話や身体介助、金銭の管理等を行っている障害者の家族、親族、同居人等のことです。

②障害者福祉施設従事者等とは、障害者福祉施設や障害福祉サービスに係る業務に従事する者です。

③使用者とは、障害者を雇用する事業主、または事業の経営担当者等を指します。

２．障害者虐待の実態

厚生労働省の調査[x]によると、平成29（2017）年度の障害者虐待の相談・通報件数は7,714件ありました。内訳は、①養護者による虐待の相談・通報件数は4,649件、②障害者福祉施設従事者等による虐待の相談・通報件数は2,374件、③使用者による障害者虐待の相談・通報件数は691件です。そのうち虐待と判断された件数は2,618件でした。

表　市区町村等への障害者虐待の相談・通報件数

	養護者による障害者虐待	障害者福祉施設従事者等による障害者虐待	使用者による障害者虐待
市区町村等への相談・通報件数	4,649 件	2,374 件	691 件
市区町村等による虐待判断件数	1,557 件	464 件	－
被虐待者数	1,570 人	666 人	－

①養護者による障害者虐待

相談・通報件数は 4,649 件で、虐待の事実が認められた事例は 1,557 件でした。なお、1 件の事例に対し虐待を受けた者が複数いる場合もあり、1,557 件に対し虐待を受けた障害者数は 1,570 人でした。

通報の届出者の内訳は、警察 28.2％、本人 18.4％、障害者福祉施設・事業所の職員 14.4％、相談支援専門員 16.5％、当該市区町村行政職員 6.3％、家族・親族 4.1％でした。本人からの相談・通報件数が 2 割ほどあるのに対して、家族・親族は 4％程度と、家庭内虐待が隠される傾向があることが伺えます。

表　相談・通報・届出者（複数回答）

	警察	本人	障害者福祉施設・事業所職員	相談支援専門員	市区町村行政職員	家族・親族	その他
件　数	1,312	857	670	767	293	190	560
構成割合	28.2%	18.4%	14.4%	16.5%	6.3%	4.1%	12.1%

（注）構成割合は、相談・通報件数 4,649 件に対するもの
　・調査結果報告書の表 2-1 を一部改

虐待の類型は、身体的虐待が 61.2％と最も多く、次いで心理的虐待が 32.9％、経済的虐待が 22.9％、ネグレクトが 16.2％、性的虐待が 3.7％と続きました。さらに身体的虐待のうち身体拘束を含むものは 20 件でした。

表　虐待行為の類型（複数回答）

	身体的虐待	性的虐待	心理的虐待	ネグレクト	経済的虐待	合計
件　数	953	58	513	252	357	2,133
構成割合	61.2%	3.7%	32.9%	16.2%	22.9%	－

（注）構成割合は、虐待が認められた事例件数 1,557 件に対するもの

虐待を受けた障害者の性別は、女性が 64.1%、男性が 35.9% と、女性が全体の 6 割強を占めていました。年齢は、20 ～ 29 歳が 23.2% と最も多く、次いで 40 ～ 49 歳が 22.5%、50 ～ 59 歳が 19.2% でした。障害種別では、知的障害が 55.0% と最も多く、次いで精神障害が 34.3%、身体障害が 19.1% でした。また、行動障害の有無について確認したところ、虐待を受けた障害者全体の 28.9% に何らかの行動障害がみられていました。

表　被虐待者の障害種別（複数回答）

	身体障害	知的障害	精神障害	発達障害	難病等	合計
件　数	300	863	538	44	36	1,781
構成割合	19.1%	55.0%	34.3%	2.8%	2.3%	－

（注）構成割合は虐待を受けた障害者数 1,570 人に対するもの

虐待を受けた障害者からみた虐待者の続柄は、父が 24.4% と最も多く、次いで母 23.3%、兄弟 13.3%、夫 12.9%、姉妹 5.7%、息子 3.3%、妻 1.7%、娘 1.4% の順でした。

表　虐待を受けた障害者からみた虐待者の続柄

	父	母	夫	妻	息子	娘
件　数	422	403	222	30	57	25
構成割合	24.4%	23.3%	12.9%	1.7%	3.3%	1.4%

	兄弟	姉妹	祖父	祖母	その他	合計
件　数	230	98	1	10	229	1,727
構成割合	13.3%	5.7%	0.1%	0.6%	13.3%	100.0%

（注）構成割合は、虐待者数 1,727 件に対するもの
・調査結果報告書の表 18 を一部改

②障害者福祉施設従事者等による障害者虐待

相談・通報件数は 2,374 件で、虐待の事実が認められた事例は 464 件でした。なお、1 件の事例に対し虐待を受けた者が複数いる場合もあり、不特定多数の障害者への虐待のため誰が虐待を受けたか特定できなかった等の 10 件を除く 454 件の事例に対して、虐待を受けた障害者数は 666 人でした。

通報の届出者の内訳は、本人 20.1%、当該施設・事業所職員 18.2%、家族・

親族が12.9%、設置者・管理者11.4%、相談支援専門員8.3%でした。

表　相談・通報・届出者（複数回答）

	本人	当該施設・事業所職員	家族・親族	当該施設・事業所設置者・管理者	相談支援専門員	当該施設・事業所元職員	その他
件　数	478	433	307	271	196	107	794
構成割合	20.1%	18.2%	12.9%	11.4%	8.3%	4.5%	24.6%

（注）構成割合は、相談・通報件数2,374件に対するもの
・調査結果報告書の表25を一部改

虐待の類型は、身体的虐待が56.5%と最も多く、次いで心理的虐待42.2%、性的虐待14.2%、ネグレクト6.9%、経済的虐待5.8%となっています。

表　虐待行為の類型（複数回答）

	身体的虐待	性的虐待	心理的虐待	ネグレクト	経済的虐待	合計
件　数	262	66	196	32	27	583
構成割合	56.5%	14.2%	42.2%	6.9%	5.8%	−

（注）構成割合は、虐待判断事例件数464件に対するもの

虐待を受けた障害者の性別は、男性66.1%、女性33.9%と、男性が全体の6割強を占めていました。年齢は、30～39歳が18.8%と最も多く、次いで20～29歳18.5%、19歳以下17.7%、40～49歳16.7%でした。障害種別では、知的障害が71.0%と最も多く、次いで身体障害が22.2%、精神障害が16.7%となっています。

表　被虐待者の障害種別（複数回答）

	身体障害	知的障害	精神障害	発達障害	難病等	不明	合計
件　数	148	473	111	34	8	10	784
構成割合	22.2%	71.0%	16.7%	5.1%	1.2%	1.5%	−

（注）構成割合は、虐待を受けた障害者666人に対するもの

虐待をした人の性別は男性72.6%、女性27.4%と男性が女性の約2.5倍でした。年齢は40～49歳19.1%、50～59歳15.8%、30～39歳15.6%となっています。職種は、生活支援員44.2%が最も多く、管理者9.7%、その他の従事者7.1%の順でした。

③使用者による障害者虐待

全国の都道府県及び市区町村で受け付けた使用者による障害者虐待に関する相談・通報件数は691件でした。

通報の届出者の内訳は、本人39.5%、家族・親族11.1%、相談支援専門員8.1%、障害者施設従事者等5.2%となっています。

Ⅱ．障害者虐待を引き起こす要因

ここでは養護者による障害者虐待の発生要因について、1．障害者のリスク要因、2．養護者のリスク要因、3．養護環境のリスク要因、4．その他のリスク要因、の４つの視点から捉えてみましょう。

1．障害者のリスク要因

①障害自体が有するリスク

虐待を受ける障害者の要因として「被虐待者の介護度や支援度の高さ」が28.7％で最も多くなっています。障害には様々な種別がありますが、以下に代表的な障害と虐待のリスクについて説明します。

ア）知的障害

知的障害とは、発達期までに生じた知的機能障害により、認知能力の発達が全般的に遅れた水準にとどまっている状態を指します。特徴としては、理解力が不十分である、見通しが立てにくい、パニックになりやすい、自分自身の障害に関する自覚が不十分といった点が挙げられます。虐待を受けているという自覚がなかったり、被害を訴えられなかったりして、長期にわたってひどい虐待がされてようやく明るみになる、といった事例もみられます。

イ）身体障害

身体障害とは、先天的あるいは後天的な理由で、身体機能の一部に障害を生じている状態を指します。手足等がない、目が見えない、耳が聞こえない、あるいは内部障害なども身体障害に含みます。身体障害の場合、自ら主体的に動けないことによって虐待を受けたり、外形による差別や、障害を理解されずに人間関係の中で孤立してしまうことがあります。

ウ）精神障害

精神障害とは、精神や行動における特定の症状を呈することによって、機能的な障害を伴っている状態と定義されます。代表的な精神疾患として統合失調症、うつ病があります。疾患の種類によって症状の出方は様々ですが、一般的に、融通が利かない、意欲・集中力・持続力が低下する、対人緊張が強い、病状に波がある、といった傾向がみられます。ただ、外形的に分かりにくいことから、「なまけている」と障害への無理解からくる虐待が生じたり、症状が強くて動けないことから、周囲の人から虐待を受けるといった事態が想定されます。

エ）発達障害

発達障害は症状が通常低年齢において発現する脳機能の発達が関係する障害です。発達障害は、自閉症スペクトラム症候群、注意欠如多動性障害、学習障害の３つに大きく分けられます。

大まかな共通点として、他人の気持ちなどを想像することが苦手、衝動的に動いてしまう、ミスや抜け・漏れが多い、コミュニケーションが苦手であるといった特徴があります。良好な人間関係を築きにくく、他者といさかいを起こしたりいじめの対象になったりします。また、外形的に分かりにくいこと、知的障害を伴わないことで診断がつきにくいこともあって、身勝手だと誤解されて虐待につながることもあります。

虐待を受けていることを自覚できないことや、虐待を受けたと訴えることができないことで、本人の意志が見えにくくなかなか表面化しにくい特徴があります。さらに、養護者との関係を悪化させないように、虐待を受けていることを否定したり、なかなか言い出せないこともあります。そのため、虐待が長期にわたって継続したり、生命の危険が及ぶほどの重大な虐待になってようやく明るみに出るということも少なくありません。

ただし、中根[xi]が指摘するように障害そのものが虐待のリスクになるという単純な話ではありません。障害に起因する様々な生活上の困難を支える体制がなかったり、支援が不足したりして、養護者による虐待へ至るのです。障害が直接の原因ではなく、障害の特性への無理解と不適切な対応方法が、障害者虐待のリスク要因と捉えた方が良いでしょう。

②行動障害

虐待を受ける障害者の要因として、行動障害が挙げられます。行動障害とは、精神科的な診断名ではありませんが、噛みついたり頭突きをしたりする直接的他害や、睡眠の乱れや同一性の保持といった間接的他害、自分の頭を叩いたり、爪で引っかいたりする自傷行為等があります。これらが通常考えられない頻度と形式で出現している状態を指します。

行動障害になりやすいのは、コミュニケーションの困難さや感覚の過敏さなどの障害特性を有する人です。例えば、聴覚過敏で特定の音がものすごく苦手だとか、視覚過敏で明るい屋外をとてもまぶしく感じるなど、感覚がとても敏感で、生活に大きな不便があることを感覚過敏といいます。健全な人であれば何とも思わない状況であっても、彼らにとっては環境からの刺激や情報が不快な刺激として知覚され、混乱してしまいます。さらに、そのことで自分が困っていることをうまく言葉にすることができないため、他害や自傷といった独特の表現や行動を通して伝えようとするわけです。

行動障害というのは、その人が生来的に持っている障害特性ではなく、障害特性に環境がうまく合っていない状態であり、適切な働きかけをすることで軽減することが可能です。つまり､行動障害は周囲を困らせる行動ではなく、本人が困っていることの現れといえます。しかし、行動障害の特性を知らなければ、養育者は自分を困らせるために反抗的な行動をしていると受け取ってしまい、その結果、怒鳴りつけたり無理に抑え込んだりするといった威圧的な対応をしてしまうのです。

③障害の受容

障害者が自分に障害があることを認めることができずに、養護者との関係性が持ちにくいことがあります。障害者の受容過程における心理は、障害によって自分の価値を失う体験をした後、自分の価値の再発見に至る心理反応の一部です。フィンク[xii]は障害の受容過程を衝撃、防御的退行、承認、適応の4段階で示しています。障害によって自己の存在が脅威にさらされて心理的衝撃を受け、その後抵抗して自分を守りながらも、現実から逃れられないことを悟り、徐々に現実に対処していくようになるという過程を経るのです。

例えば、障害者が防御的退行の段階にあって、なんでも拒否したり否定したりする、あるいは自暴自棄になって周りが手をつけられなくなるといった場合には、そのことが養護者をいらつかせて虐待に至らせてしまうわけです。

2．養護者のリスク要因

①障害に対する無理解

養護者が、障害者の心身状況や介護の方法などに対して知識が不足していたり、理解がないことが原因で虐待に至ることがあります。障害者の介護には、障害特性に応じた適切な働きかけが求められ、時には高度な専門性を要する介護が必要になることもあります。しかし養護者の知識がない中で介護をしても、それが障害者にとって十分な介護にならないため、専門的な見地からみると不適切な介護になっていることもみられます。

反対に、この障害の場合は絶対にこう対応しなければならないといった、型にはめるような介護をしたり、自分の価値観を押し付けるような介護をすることが、障害者本人にとって苦痛を生み出してしまう要因になります。

②介護のストレス

従前と比べると、障害者を支える制度やサービスは充実してきました。それでも制度やサービスだけでは十分な介護を提供することはできず、家族が不十分な部分を努力して補っていることが多いです。そのため、養護者のストレスから虐待に至る事例も少なくありません。

また障害があれば、介護の中で指示や注意の繰り返しが多くなり、定着もしにくくなります。養護者が言葉で言って聞かせても、それが障害者にうまく伝わらずに失敗を繰り返すことも往々にしてあります。結果として「何度言っても言うことを聞いてくれない」、「なまけている」、「見ていてイライラする」といった養護者の考え方となって表れてしまうのです。

加えて、対応が困難な行動を抑えるのだから強い指導も必要だと、叩く、殴る、蹴るといった体罰を容認することがあります。言葉で伝えてもわからないから、体罰をいけないと思いつつやってしまったり、しつけと称して体罰をしている自覚なく暴力を振るってしまう事例もみられます。

③障害受容

障害者が自分の障害を受容できないことと同様に、養護者が障害を受容できずに苦悩することもあります。ドローターら[xiii]は、先天性奇形を持つ子どもの誕生に対してその親の反応を、ショック、否認、悲しみと怒り、適応、再起の５段階に分類しました。ほかにも多くの段階説がありますが、障害に対するショックの後、障害を受け入れるまでには時間がかかります。受容の過程では、養護者は障害が治って健常者と変わりなくなるのではないか、という期待を捨てることが求められます。障害を有しているという現実を受け入れられるまで、養護者は否定と肯定の入り交じった感情を繰り返し経験せざるを得ないのです。また、慢性的悲嘆といわれるように、一度障害を受容できたとしても、介護を続ける途上で繰り返し感情の揺り戻しを経験するのです。

④性格等

養護者が攻撃的・衝動的な性格を持っていることは、介護の際に暴言・暴力に頼ってしまうリスク要因になります。

また、養護者が何らかの障害を持っていたり、精神障害、慢性疾患、アルコール依存や薬物依存等の病気を患っていることもリスク要因となります。養護者自身の体や将来のことが不安でありながら、障害者の面倒を見なければいけないという状況では悲観的になったり、あるいは自分以外に障害者を見る人がおらず、自分が倒れてしまうわけにはいかないと無理をしてしまったりします。こうした介護への疲れから虐待に至るケースも存在します。

3．養護環境のリスク要因

①家庭の経済的困窮

養護者が失業していたり転職を繰り返していたり、収入が少なく不安定な状態だと、先の見通しが立たないことから虐待を引き起こす不安やストレスが生じることが多くなります。障害者または養護者がうまく家計を管理することができない場合、あるいは借金があったり、ギャンブルなどにのめり込んだり、浪費癖がある場合にも家族関係を悪化させるリスク要因になります。

②社会的孤立

養護者が他の家族や親族から孤立していたり、近隣の住民と関係が悪かったりすると、養護者は障害者との二者間でしか人間関係を持てず、孤立してしまいます。障害者を養護する上での相談や悩みごとを聞いてくれる人がいないと、養護者の不安やストレスのはけ口がなくたまる一方になり、それが虐待という形になって現れるリスクがあります。

③家族間の力関係

児童虐待は未成年期において保護者から、高齢者虐待は高齢期において養護者からと、ある程度限定された続柄から虐待を受けます。しかし、障害者虐待は、父母、きょうだいを始め、虐待者の範囲が大きく広がっています。障害者虐待は、ライフステージの各段階で起こりうることから、人生の中で関わる多くの人々が虐待者になる可能性があると考えられます。

障害者と養護者との人間関係が悪いときに、障害の重症化や進学・就職・結婚などのライフステージの変化が生じたことを契機に、力関係が崩れてしまって虐待につながる場合があります。

また障害者の他にきょうだいがいる場合、障害者の介護に力点が置かれてしまうため、他のきょうだいへの対応がなおざりになりがちです。そのため、「障害者のために他の家族が犠牲になる」といった考えを引き起こし、虐待に至ることがあります。

4．その他のリスク要因

養護者が介護に対する知識・技術が不足することが虐待を招く要因になります。例えば、障害者総合支援法をはじめとする介護・医療の様々なサービスの存在を知らない、あるいは利用しないまま、障害者の介護を養護者が抱え込んでしまう事態が想定されます。

その他、障害者や養護者が居住している家屋が老朽化していたり、不衛生な環境で生活していたり、人目につきにくく人通りの少ない環境で生活していることもリスクとして挙げられます。

第3章
虐待への対応

Ⅰ．共通点と相違点

1．全ての虐待に共通する点

虐待はある特別な人の問題ではなく、全ての人に関係する問題です。既に述べたように虐待の要因は、本人のリスク要因、保護者･養護者のリスク要因、養育・養護環境のリスク要因、その他のリスク要因に大別されます。

虐待を受ける者の発達上の特性や障害から、保護者の知識・理解不足、不安やストレスをはじめ、個人的・社会的・経済的な様々なリスク要因が複雑に絡み合って引き起こされるのです。家族形態が多様になり、それに対応する制度・サービスの不足、相談相手もないまま保護者・養護者がストレスを一身に抱える危険性は誰にでも生じる問題といえるでしょう。

次に、虐待は虐待者と虐待を受ける者が、社会の関係から断絶された密室の状況下で生じることが多い点も共通しています。「育児について頼る人がいない」、「誰にも相談できない」、「どうしたらいいかわからない」、といった悩みを虐待者が一人で抱え込んでしまって不安とストレスを増長させ、虐待という形で現れるのです。

虐待はまるで植物のように小さな虐待から大きな虐待へ成長していきます。最初のうちは、子どもが悪ふざけをしたから軽く叩いた、という状況から、どんどん暴力がエスカレートすることも珍しくありません。最終的に命を落としてしまう悲惨な状況になる前に、初期の段階から発見して支援していくことが大切です。

虐待かどうか判断が難しい場合も、虐待でないことが確認できるまでは虐待事案として対応することが必要です。虐待の有無を判断する場合には、次の４点に留意する必要があります[xiv]。

①虐待をしているという「自覚」は問わない

虐待をしているという自覚のある場合だけでなく、自分がやっていることが虐待に当たると気付いていない場合もあります。また、しつけ、指導、療育の名の下に不適切な行為が続けられていたり、自傷・他害があるから縛り付けても仕方がないといった一方的な言い訳となっていたりする場合もあります。

虐待を判断する際には、虐待者の自覚は問いません。虐待を受ける者が苦痛を受けていないか、生活する上で困難な状況に置かれていないかといった客観的な事実を基に判断することが重要です。虐待者に虐待しているという自覚がない場合には、その行為が虐待に当たるということを適切な方法で気付かせ、虐待の解消に向けて取り組む必要があります。

②虐待を受けたという「自覚」は問わない

虐待を受ける者の知的能力または精神状態によっては、自分の身に起こっていることが虐待だと自覚できない場合があります。また、長期間にわたって虐待を受けた場合などでは、被虐待者が何をしても無駄だという無力感から諦めてしまっていることもあるのです。被虐待者本人から訴えのないケースでは、周囲がより積極的に介入しないと、虐待が長期化したり深刻化したりする危険があります。

③虐待を受けた者の保護を優先する

虐待を受けた者が自ら進んで「虐待を受けた」と申し出ることは少ないのが現状です。また保護者へ虐待の事実を確認する際に、「これくらいのことは仕方がない」と、虐待の事実を否定したりすることがあります。これは、虐待を受けた者が福祉施設に世話になっているという気持ちが強く、波風を立てたくないという態度を取らせているとも考えられます。本人や家族からの訴えがない場合であっても、虐待の客観的事実から判断して、本人の生命を守ることを最優先に考える必要があります。

④虐待の判断はチームで行う

虐待の判断はチームで行う必要があります。虐待かどうかを判断する場合、明確な基準はありません。そのため、個々人の判断では主観的になりがちで、虐待の判断にブレが生じる恐れがあります。

相談や通報、届出を受けた市町村や都道府県の職員は、速やかに上司に報告し、個別ケース会議などを活用して緊急性の有無、事実確認の方法、援助の方向などについて組織的に判断していくこととなっています。学校においても一人の教職員への過度の負担を避け、また客観性を確保する観点から、複数の教職員で対応することが重要です。

いずれにせよ、虐待者と虐待を受ける者の間の閉ざされた関係の中で生じやすいことに留意することが必要です。「虐待を受けている」、「虐待をしている」という事実は、虐待をする・される側が自ら明らかにすることはめったにありません。加えて、「家の問題に第三者がむやみに関わるべきではない」という風潮も根強いのが実情です。

2．児童虐待の対応の留意点

虐待をした保護者や虐待を受けた子どもに接するときの留意点について説明します。

①保護者を責めない

虐待が疑われる子どもがいて、保護者と話し合いの機会を持ちたいと思っても、保護者はこちらとの関わりを避けようとします。また、保育所への送り迎えの時間が不規則である、忘れ物が多い、子どもを家に残したままよく外出するなど、気になることがあって、いくら注意しても言うことを聞いてくれない保護者もいます。

私たちは、虐待をしている保護者への怒りや、虐待を受ける子どもがかわいそうと思うあまり、つい保護者を非難してしまいがちです。ところが、虐待をしている保護者は、虐待をしている事実に気付きながら、その事を他の人達から責められないように、常に気を張り詰めているのです。

ですから、援助する側が少しでも非難めいたことを口にすると、保護者の方から援助者との関わりを避けたり、逆に激怒してきたりします。虐待をしている保護者の背景にある、他人から責められないかという不安や、一人孤独の中で誰にも相談できなかった体験からくる不信感をくみ取ることが重要です。まずは保護者を責めない、追い詰めないことが大切です。

②保護者の立場を理解する

虐待をしている保護者が、実は追い詰められた状況にあることを理解できたならば、まずは保護者との信頼関係を築き上げる努力が求められます。初めは相手の警戒心を解くように、何気ない会話をする機会を多く持つようにします。そして、保護者の心の動きを見ながら次第に、子どもや子育てに関する話に入っていきます。

このとき、保護者にとって耳の痛いマイナス面の指摘をするのではなく、「〇〇ちゃんがこんなことできるようになったのは、お母さんが苦労されたおかげだと思いますよ。本当に大変でしたね」などと、子どものいいところや保護者の苦労をたたえるようにします。

また、相手がつらい気持ちや怒りの気持ちを表したときには、「それは大変でしたね」「お母さんのつらい気持ちはよく分かります」などと共感するように努めます。わが子を虐待してしまわざるを得ない保護者の立場をまず理解し、その苦しみ・悲しみに寄り添う姿勢が大切です。

③子どもが安心できるように支援する

虐待を受けた子どもは、常に強い不安を感じた状態にあります。加えて人間に対する不信感を抱いており、なかなか本当のことを言おうとしません。「悪いのは私だから暴力を振るわれたのだ」と自分に言い聞かせて虐待を受けたことを納得しようとしたり、「自分が悪い子だから、保護者から見捨てられるのではないか」という不安を持っていて保護者をかばおうとする状況がみられます。加えて、「私なんて何をやってもうまくできないんだ」「だめな子なんだ」といった低い自尊心と自己評価が多くみられます。

まずは子どもが安全で安心できる環境を確保し、子どもの経験してきた考えや世界を理解する姿勢を示すことが大切です。傾聴と共感を持って子どもの世界を大切に考え、子どもが支援者に心を開いてくれるような信頼関係を築けるように努めます。子どもや保護者を責めたり、子どもの考え方は間違っていると否定したりするなど、支援者側の持つ常識や世界観を、虐待を受けた子どもに当てはめたりしてはいけません。

その上で、全ての子どもは、安全に、自信をもって、自由に生きる権利を持っており、大人はそれを認めなければならないことを伝える必要があります。加えて保護者が虐待をした原因は子どもの性格や行動だけが原因ではなく、保護者もまた助けを必要としていることを理解してもらうことも必要です。（P.64 コラム「子どもの認識を理解する」参照）

④家族の再統合

子どもが保護者から虐待を受けた場合、子どもを保護者から一時的に引き離すことがあります。場合によっては、子どもを児童養護施設に入所させて保護者から離れて生活するということもあります。保護者が虐待の事実と真摯に向き合い、再び子どもと共に生活できるようになることが、子どもと保護者にとっても最も望ましいことです。子どもと保護者が、安全で安心できる状態でお互いを受け入れて、再び親子関係を作り直すことを家族の再統合といいます。

児童虐待、特に緊急性の高い虐待の場合、保護者は虐待を否認していることが多くみられます。そのため、支援機関が家族に対して介入することへ強い怒りや被害感を生じさせて、支援機関との間に信頼関係を結ぶことが困難な事例も少なくありません。また、子どもの安全を保障するために一時保護をしたり、施設へ入所を決定した場合でも、子どもは家族から離れることを望まないことも多く、家族からの分離が心理的な外傷体験となることもあります。

分離を余儀なくされた後には、子どもと保護者に対する手厚い支援が必要になります。子どもと保護者に長期的な支援計画を示す中で家庭復帰の見通しを伝えること、その上で虐待と向き合えるような支援を行うことが求められます。様々な支援機関が多面的に支援を提供して、子どもと保護者との関係を再構築していく過程で、最適な家族の形を探っていくのです。

児童虐待の重度や、子どもと保護者の分離の有無にかかわらず、家族機能の再生・回復を広く家族再統合と考えていく必要があります。家族の再統合の一連の支援過程における最適な統合形態は、何よりも子どもの最善の利益に立つという視点を貫くことが求められます。子どもと保護者のニーズを考慮しつつ、双方が納得できる形で再統合へと導くことが大切です。

なお、家族の再統合とは、必ずしも親子が一緒に住み暮らすことではない点に留意すべきです。深刻な虐待事例の中には、子どもが再び保護者と生活を共にすることが、子どもの最善の利益になるとはいえない事例も存在します。そのような場合まで、親子が一緒に過ごすことを目指すわけではありません。あくまで、子どもと保護者が適切な親子関係を再び作ることができるように、支援機関が連携を図りながら支援していくことが必要なのです。

3．障害者虐待

障害者虐待は、障害者の尊厳を傷つけ、自立を阻害し、生きる権利を侵害するものです。障害者に対する虐待の発生予防から、虐待を受けた障害者が安定した生活を送れるようになるまで、障害者の権利を守るという観点から切れ目ない支援体制を構築することが求められます。

①障害者の安全確保

障害者虐待への対応に当たっては、問題が深刻化する前に早期に発見し障害者や養護者等に対する支援を開始することが重要です。虐待を受けた障害者が不安や恐怖を感じ続けるような事態を避けるため、虐待を受けた人の安全確保を最優先にします。障害者の生命に関わるような虐待も想定され、そのような状況下での対応は一刻を争います。障害者を養護者から分離し障害者の安全確保を最優先して入院・措置入所などの緊急保護を行います。

②障害者の自己決定を支援する

虐待を受けた障害者は、心身の不調を抱えていたり、不安や緊張を感じて本来持っている生きる力や自信を失っている場合も多くみられます。障害者が主体的に生きられるように生活全体への支援を意識しながら、本来持っている力を引き出す関わりを行うことが必要です。障害者が自らしたいことやしてほしいことを選択し、自分で決めるという本人の自己決定を支援する視点が重要です。障害者の自己決定が難しいときであっても、障害者の日常生活の状況や生活史、関係者からの情報収集をもとに、本人の意思を確認、推定していくことが大切です。

③養護者の不安とストレスを解消する

一方で、虐待している養護者を加害者としてのみ捉えるのではなく、養護者への支援の必要性を検討することも重要です。家庭内での長年の人間関係や介護疲れ、障害に対する理解不足、金銭的要因など様々な要因が複雑に影響している場合も多いのです。障害者及び養護者の支援は、関係者による積極的な働きかけや仲介によって信頼関係を構築しながら、時間をかけて行うことが求められます。

また、障害者やその家族などが孤立することのないよう、地域における支援ネットワークを構築すると共に、必要な福祉サービスの利用を促進するなど養護者の負担軽減を積極的に図ることも大切です。

Column

障害児への虐待

里親に委託されている子どものうち約３割、児童養護施設に入所している子どものうち約６割は、虐待を受けている。

社会的養護を必要とする児童においては、障害等のある児童が増加していて、児童養護施設においては、28.5％が障害ありとなっている。

出典：厚生労働量　児童養護施設入所児童等調査結果（平成 25 年２月１日）

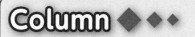

Column

子どもの認識を理解する

私がまだ被虐待児に関わり始めた初期の頃、熱湯を浴びせかけられて緊急保護・入院してきた３歳女児がいた。生命に別状はなかったものの、後日に何度かの形成術が必要なほどの熱傷を負っていた。

そんな無慈悲で残酷な母親からの仕打ちを受けたにも関わらず、痛みと寂しさも手伝って「おかあさ〜ん、おかあさ〜ん」と泣き叫ぶ彼女の声は、担当の看護師や保育士を困らせていた。やがて、泣き疲れて眠ってしまった女児を抱っこしながら、語りかけるように若い看護師がつぶやいた。「あんな鬼みたいなお母さんなのに、やっぱりお母さんが恋しいんだね…。」

子どもにとって、母親（養育者）は特別の存在である。子どもが発達していく上で、自分と外の世界をつなぎ広げていくための大きな媒介であり、自分自身を成長させるための大事な糧でもある。生まれてから段々と成長し、やがて自立していく過程での、自己と他者（世界）の認識を促す重要な存在なのである。

ピアジェ(Piaget,J.)は、人間の発達を認知（物や人に対する見方や考え方など）を発達させていく過程として捉えた。子どもは生まれたときから外側の世界（母親や家族も含むすべて）と接し、周りの人や環境との関わりを通して発達していくと考えた。

そして、基本的に子どもは発達の過程で物や人とかかわりながら自分なりの枠組み（シェマ）を作っていくとし、次々と経験したことをその枠組みと照らし合わせながら、合致したものは取り入れ（同化）ていき、合わないときにはその経験に合うようにシェマの方を変化させ（調節）ていくと考えた。つまり、ピアジェは認知を、同化と調節というふたつの働きによって発達していくと考えたのである。言い換えれば、子どもの発達は、認知の枠組みを変化させながら完成していくというわけである。また、このしくみには、子どもの発達段階に沿って特徴的なものがあることも指摘している。

冒頭で紹介した３歳女児にとって自分を庇護してくれる存在の枠組みは、唯一母親でしかなかったのである。その子育ての方法や対応は別として、母親という存在は女児が生きていくための枠組みだったのだ。痛みから逃れるために母親を求め、寂しさから逃れるために母親を求めたのであろう。痛みや寂しさの原因が母親にあることをある程度は知っていたとしても、自分が持ちうる（知りうる）最大限の枠組みの中で、自分を守ろうとしたのだ。

じつは、子育ての中で大人の視点からすると「なぜ？」と思う子どもの言動が多々ある。これは、子どもが外界を認知・認識している世界と、大人が常識として考えることとの差から生じるものである。しかも子どもは、発達の段階に添って言動が変わっていく。先に述べた認知の枠組みの変化が起こることで、世界観が変わっていくからだ。子育ての中では、この「差」と「変化」の部分を充分に分かっていないと、大人の視点のみで対応することとなり、場合によっては感情的な対応をしたり虐待につながっていくことも多い。

また、子どもに抽象的な概念理解が育ってくることによって、大人の世界観との相違が少なくなることや、それに伴って大人からの理解もしやすくなることも、発達の過程に起こる重要なポイントである。ただし、子どもに障害がある場合や、養育者側に障害がある場合にはこのポイントが上手く働かず、虐待リスクが高くなる傾向も指摘されている。

これらを全般的に考慮した上で、小学性を対象とした虐待防止教育の中で、「親から逃げる方法」を提唱・実践している人もいる。

Ⅱ．障害者福祉施設等における障害者虐待の未然防止、早期発見の方策

前項では、虐待を受けた本人と保護者（養護者）を中心に話を進めました。障害者虐待防止法では、障害者福祉施設従事者や使用者による虐待も定義されています。本項では、福祉施設の職員として、虐待にどう対応したら良いかについて説明します。

障害者福祉施設等における障害者虐待の防止と対応の手引き[xv]には以下のような記述があります。

1．通報義務を守る

障害者福祉施設従事者等による障害者虐待を受けたと思われる障害者を発見した者は、速やかに、市町村に通報する義務があります（第16条）。明らかに虐待を受けた場合だけでなく、虐待を受けたのではないかと疑いを持った場合でも、事実が確認できなくても通報する義務があるということです。このとき、市町村に通報することなく、施設の中だけで事実確認を進めて事態を収束させてしまうと通報義務に反することになります。また、障害者福祉施設の施設長や管理者、サービス管理責任者などが職員からの相談内容や障害者の様子から虐待の疑いを感じた場合も、市町村に通報する義務が生じます。

障害者福祉施設で障害者虐待があったと思われる場合は、誰もが市町村に通報する義務を有することを意味します。すなわち、通報しないという選択肢はありません。こうした規定は、障害者虐待の事案を障害者福祉施設の中で抱え込んでしまうことなく、市町村、都道府県の事実確認調査を通じて障害者虐待を早期発見・早期対応を図るために設けられているのです。

なお、通報した職員は障害者虐待防止法、公益通報者保護法によって通報者に対する保護が規定されています。そのため、障害者福祉施設の管理者等は、通報義務に基づいて適切に虐待通報を行った職員に対して解雇その他不利益な取り扱いをすることがないよう留意することが必要です。

2．隠さない・嘘をつかない

障害者施設従事者等における障害者虐待が起きてしまった場合の対応の基本となるのが、「隠さない」「嘘をつかない」という誠実な対応を、管理者等が日頃から行うことです。

もし虐待を受けたと思われる、という段階で適切に通報することができていれば、行政による事実確認と指導を通じて、虐待を早期に止めたり、再発の防止に取り組むことができます。しかし、虐待の事実を隠したり、ないと嘘をついたりしてしまうと、取り返しがつかないような深刻な事態に陥ってしまいます。

障害者総合支援法では、市町村・都道府県が同法に基づく職務権限で立入調査を行った場合、虚偽の報告若しくは虚偽の物件の提出、虚偽の答弁を行った者を30万円以下の罰金に処すことができると規定されています。報道の事案では、警察が虐待を行った職員を書類送検しただけではなく、虐待をしていないと虚偽答弁をしたとして、職員を送検したという事例もあります。

■事例　福祉施設で暴行死　施設長が上司に虚偽報告

知的障害のある児童らの福祉施設で、入所者の少年（19）が職員の暴行を受けた後に死亡した。また、施設長が２年前に起きた職員２人による暴行を把握したが、上司のセンター長に「不適切な支援（対応）はなかった」と虚偽の報告をしていたことがわかった。

県は、障害者総合支援法と児童福祉法に基づき、施設長を施設運営に関与させない体制整備の検討などを求める改善勧告を出した。

県はこれまでに、同園の元職員５人が死亡した少年を含む入所者10人を日常的に暴行していたことを確認。別の職員も入所者に暴行した疑いも浮上した。

（障害者福祉施設等における障害者虐待の防止と対応の手引き　より）

３．質の高い支援に取り組む体制づくり

知的障害などで言葉によるコミュニケーションが難しい人は、多くの場合、虐待を受けた場合でもそのことを第三者に説明したり、訴えたりすることができません。また、障害者の家族も「お世話になっている」という意識から、虐待と思われる場合であっても思っていることを自由に言えない立場に置かれていることが考えられます。障害者福祉施設の管理者や職員は、障害者や家族が苦情・不満を言いにくい立場にあることを常に自覚して、虐待の防止に取り組む必要があります。

そのため、法人の理事長、管理者には、障害者福祉施設が障害者の人権を擁護する拠点であるという高い意識と、そのための風通しの良い開かれた運営姿勢、職員と共に質の高い支援に取り組む体制づくりが求められます。障害者虐待防止法第15条には、職員の研修の実施、利用者やその家族からの苦

情解決のための体制整備、その他の障害者虐待の防止のための措置を講じることが規定されています。法人として支援理念を明確に掲げ、虐待防止のための委員会を設置して、虐待防止のための支援マニュアルやチェックリスト等の整備に具体的に取り組むことが必要になります。

人権意識は、リーダーである管理者のゆるぎない意識と姿勢により組織としても醸成されるものです。

4．日常的な支援場面の把握

障害者虐待を防止するためには、管理者が現場に直接足を運び、支援場面の様子をよく観察し、不適切な対応が行われていないか日常的に把握することが重要です。日頃から、利用者や職員、サービス管理責任者、現場のリーダーとのコミュニケーションを深め、日々の取り組みの様子を聞きながら、話の内容に不適切な対応につながりかねないエピソードが含まれていないか、職員の配置は適切かなどに注意を払う必要があります。

例えば、性的虐待は人目につきにくい場所を選んで行われることや、被害者·家族が人に知られたくないという思いから告発に踏み切れなかったりします。性的虐待を防止するためには、女性の障害者に対して可能な限り同性介助ができる体制を整えること、勤務中は個人の携帯電話やスマートフォンの携行を禁止して不当な撮影を防止するなど、様々な対策を検討することが必要です。

また、経済的虐待は、障害者福祉施設で障害者から預かった現金や預金通帳の口座から横領される事案が散見されます。こうした事案は、障害者の財産管理に対するチェック機能が働かず、横領などの防止策がとられていなかったことにより起こるといえます。そのため、預金通帳と印鑑を別々に保管すること、複数の者により適切な管理が行われていることの確認が常に行える体制で出納事務を行うことをはじめ、適切な管理体制を確立する必要があります。

この他、障害者の家族が本人とは無関係な目的で金銭を使い込んでしまうような事案では、成年後見制度や日常生活自立支援事業の活用を含めて、障害者の財産が適切に管理され、本人の生活のために使われるよう支援することが重要です。

5．風通しの良い職場づくり

虐待が行われる背景については、密室の環境下で行われると共に、組織の閉塞性・閉鎖性がもたらすといわれます。虐待報道事例のあった障害者福祉施設では、「上司に相談しにくい雰囲気、相談しても無駄という諦め、職員個人が職場内外で相談・協力し合える職場環境が築かれていない」といった職場環境の問題が指摘されています。

職員は他の職員の不適切な対応に気が付いた時は上司に相談した上で、職員同士で指摘をしたり、どうしたら不適切な対応をしなくてすむようにできるかを話し合ったりして、全職員で取り組むことができるよう、オープンな虐待防止対応を心がけ、職員のモチベーション及び支援の質の向上につなげることが大切となります。

そのため、支援に当たっての悩みや苦労を職員が日頃から相談できる体制、職員の小さな気付きも職員が組織内でオープンに意見交換し情報共有する体制、これらの風通しの良い環境を整備することが必要になります。

また、職員のストレスも虐待を生む背景の一つです。職員が抱えるストレスの要因を把握して職員のメンタルヘルスの向上を図ることや、管理者は夜間の人員配置などの職場の状況を把握して、負担を減らす努力が大切になります。虐待の未然防止と早期発見・早期対応の観点からP.70の「職員セルフチェックリスト」を活用し、組織としての課題を確認し、職員間で共有して改善策を検討することも重要です。

風通しの良い職場をつくるためには、多くの目で障害者を見守るような環境づくりが求められます。管理者はボランティアや実習生の受入体制を整えたり、家族や地域住民が日常的に出入りできる施設の雰囲気づくりに努めることが大切です。積極的に第三者が出入りできる環境をつくり、施設に対する感想や意見を聞くことにより、虐待の芽に気付き、予防する機会が増えることにもつながります。

さらに福祉サービス第三者評価やオンブズマンなどの外部の第三者からの評価を受けることも、風通しの良い職場環境をつくり、サービスの質の向上を図る上で効果的といえるでしょう。

施設・地域における障害者虐待防止チェックリスト

C：職員セルフチェックリスト

《チェック項目》	チェック欄
1. 利用者への対応、受答え、挨拶等は丁寧に行うよう日々、心がけている。	□できている □できていない
2. 利用者の人格を尊重し、接し方や呼称に配慮している。	□できている □できていない
3. 利用者への説明はわかり易い言葉で丁寧に行い、威圧的な態度、命令口調にならないようにしている。	□できている □できていない
4. 業務上知りえた利用者の個人情報については、慎重な取扱いに留意している。	□できている □できていない
5. 利用者の同意を事前に得ることなく、郵便物の開封、所持品の確認、見学者等の居室への立ち入りなどを行わないようにしている。	□できている □できていない
6. 利用者の意見、訴えに対し、無視や否定的な態度をとらないようにしている。	□できている □できていない
7. 利用者を長時間待たせたりしないようにしている。	□できている □できていない
8. 利用者の嫌がることを強要すること、また、嫌悪感を抱かせるような支援、訓練等を行わないようにしている。	□できている □できていない
9. 危険回避のために行動上の制限が予測される事項については、事前に本人、家族に説明し同意を得るとともに、方法を検討し実施にあたっては複数の職員によるチームアプローチをとっている。	□できている □できていない
10. 利用者に対するサービス提供に関わる記録書類（ケース記録等）について、対応に困難が生じた事柄や不適切と思われる対応をやむを得ず行った場合等の状況も適切に記入している。	□できている □できていない
11. ある特定の利用者に対して、ぞんざいな態度・受答えをしてしまうことがある。	□はい □いいえ
12. ある特定の職員に対して、ぞんざいな態度・受答えをしてしまうことがある。	□はい □いいえ
13. 他の職員のサービス提供や利用者への対応について問題があると感じることがある。	□はい □いいえ

14. 上司と日々のサービス提供に関わる相談を含め、コミュニケーションがとりやすい雰囲気である。	□はい □いいえ
15. 職員と日々のサービス提供に関わる相談を含め、コミュニケーションがとりやすい雰囲気である。	□はい □いいえ
16. 他の職員が、利用者に対してあなたが虐待と思われる行為を行っている場面にでくわしたことがある。	□はい □いいえ
17. 他の職員が、利用者に対してあなたが虐待と思われる行為を行っている場面を容認したこと（注意できなかったこと）がある。	□はい □いいえ
18. 最近、特に利用者へのサービス提供に関する悩みを持ち続けている。	□はい □いいえ
19. 最近、特に仕事にやる気を感じないことがある。	□はい □いいえ
20. 最近、特に体調がすぐれないと感じることがある。	□はい □いいえ

出典：全国社会福祉協議会『障害者の虐待防止に関する検討委員会』平成23年3月版

Ⅲ．当事者、関係者の理解に向けて

1．児童虐待への対応

虐待をしている保護者の多くが、虐待の事実を隠そうとします。虐待を受けている子どもも同様に隠そうとします。自ら虐待をしている、あるいは受けていると申し出る人はほとんどいません。ですから子どもや保護者に関わる支援者が、虐待が明るみになる前の段階で、子どもや保護者にみられる「何となくおかしいな」、「今までと何か違うな」といった不自然さに気が付くことが大切です。

①虐待への気付き

第一に虐待を疑う・疑問を持つことが求められます。早期発見を可能にするためには、気付きの視点の有無が重要となります。虐待を受けている子どもや保護者の言動、状況から、「何かおかしい」という違和感に気が付くかどうかが、事態の深刻化を防げるかどうかの別れ道にもなります。

図（１～３）に子ども・保護者の様子への着眼点のチェックリストを示しました。「何かおかしい」という感覚には３つのポイントがあります。「子どもの様子が変」、「保護者の様子が変」、そして「状況が変」ということです。何となく違和感を感じたときには、虐待の可能性はないか、と常に考えることが虐待の早期発見・早期対応につながります。

②関連情報の収集

虐待と思われる状況がみられたときは、子どもや保護者に関する情報を総合したり、当事者に尋ねたりしながら、客観的な情報を収集して事実確認を行うことが必要です。虐待の疑いを疑いのままに放置することなく、虐待の可能性について支援者として判断が行える状況をつくっていきます。情報収集と並行して、虐待を受けていると疑われる子どもへの対応について、支援方法の協議を進めることも必要です。虐待に気が付いた支援者が一人だけで関わろうとするのではなく、複数の支援者同士が共通認識を持って、チームとして対応していきます。

③通告

必要と認められたときは、児童相談所や福祉事務所、市町村の窓口機関への通告を行います。虐待の事実があるかどうかについて、確証を得ることまでは求められていません。虐待に違いないという確信を持てなくても、虐待と思われるという時点で速やかに、虐待の通告を行う必要があります。

図1　子どもの様子への着眼点のチェックリスト

・体重、身長の増加が不良
・身体・衣類が不潔
・表情が乏しい
・年齢不相応な性的関心
・夜尿、多動、乱暴、虚言
・養育者になつかない、おびえる、家に帰りたがらない
・人間関係を築けない、孤立している
・触られること、近づかれることをひどく嫌がる
・言葉遣いが乱暴
・極端に無口
・大人への反抗的な態度
・大人の顔色をうかがう態度
・落ち着きがなく情緒不安定である

・家出する
・嘘や非行（万引きなど）
・他人へのいじめや生き物への残虐な行為
・集中困難な様子（白昼夢）
・持続的な疲労感、無気力
・異常な食行動（拒食、過食、むさぼるように食べる）
・頻繁に保健室に出入りする
・理由の不明確な遅刻や欠席が多い、あるいは急に増えた
・子どもからのSOSがあった

図２　保護者の様子への着眼点のチェックリスト

・感情や態度が変化しやすい
・イライラしている、余裕がない様子
・表情が硬い、話しかけてものってこない
・子どもへの近づき方、距離感が不自然
・子どもの普段の様子を具体的に語らない
・人前で子どもを厳しく叱る、叩く
・弁当を持たせない、コンビニの物で済ませる
・連絡が取りにくい
・家庭訪問、懇談などのキャンセルが多い
・行事に参加しない
・キレたような抗議をしてくる
・家の様子が見えない
・心身疾患を患っている
・子どもの衣食住の世話をしない
・子どもに検診・予防接種を受けさせない
・しつけをしない、無関心である
・しつけをしすぎる、過干渉である
・子どもをかわいいと思っていない
・夫婦や家族関係が不仲である
・地域から孤立している
・保護者からSOSがあった
・孤立している
・被害者意識が強い
・いらだちが非常に強い
・酒や覚醒剤、麻薬の乱用がある

図3　状況に対する着眼点のチェックリスト

・表情や反応が乏しく笑顔が少ない
・説明できない不自然なケガ、繰り返すケガ
・体育や身体計測のときにはよく欠席する
・低身長や体重減少
・いつも不潔な状態にある
・おびえた泣き方をする
・時々意識がボーッとする
・予防接種や健診を受けていない
・人との関わりを避けようとする
・子どもに会わせようとしない
・引っ越しが不自然に多い
・保護者の子どもを見る目が冷たい
・お互いに視線を合わせようとしない
・保護者の子どもへの言葉かけが乱暴である
・保護者の前で子どもは極端に緊張する
・表情の深みがない
・他者とうまく関われない
・かんしゃくが激しい
・衣類を脱ぐことに異常な不安を見せる
・年齢不相応の性的な言葉や性的な行為がみられる
・他者との身体的接触を異常に怖がる
・親子でいるときに子どもが親の様子をうかがう態度がみられる
・保護者がいなくなると急に表情が晴れやかになる
・子どもが熱を出したり、具合が悪くなったりして保護者に連絡しても、緊急性を感じていないそぶりが伺える
・その家庭に対する近隣からの苦情や悪い噂が多い
・家庭を訪問しても関わりを拒否される
・いつも子どもの泣き叫ぶ声が聞こえる

図１～３は、才村純（2005）『ぼくをたすけて　子どもを虐待から守るために』中央法規出版、厚生労働省雇用均等・児童家庭局（2013）『子ども虐待対応の手引き（平成25年月改正版）』をもとに筆者が加筆した。

Ⅳ．虐待の予防、サポート体制

１．児童虐待の予防、サポート体制

①児童相談所

児童相談所が虐待防止・支援において中心的な役割を担っています。児童相談所は、虐待通告を受けたら、速やかに（48 時間以内）に安全確認を行い、関係機関から情報を収集します。具体的には次の権限が与えられ、虐待に対応しています。

ア）一時保護

安全確認の結果、速やかに子どもを保護者から引き離します。

イ）強制的権限

保護者が児童の安全確認を拒んだ場合に、家庭へ入って虐待の実態を調査したり（立入調査）、保護者に児童相談所へ出向くよう要請したり（出頭要求）、出頭要求に応じない場合には裁判所の許可状を受けて捜索を行う（臨検又は捜索）などの権限を持っています。

ウ）施設入所の承認申立て

児童養護施設などの施設入所に保護者の同意が得られない場合、家庭裁判所に施設入所の承認申立てをします。

エ）面会・通信制限

児童を一時保護または施設入所中に、保護者に対して面会・通信を制限します。

オ）親権喪失、親権停止及び管理権喪失の審判請求

親権の濫用があったときに、親権を奪うことができる「親権喪失」と、最長２年間の期限付きで親権を制限する「親権停止」について、児童相談所長が家庭裁判所に申し立てることができます。

②要保護児童対策地域協議会

児童虐待を防止、早期解決するためには児童相談所だけではなく、保育所・幼稚園・学校やその他の関係機関と連携して対応することが不可欠です。そこで、各市町村では、要保護児童対策地域協議会を設置しています。

要保護児童対策地域協議会には、市町村、児童相談所、学校・教育委員会、保育所・幼稚園、保健医療機関、警察、民生・児童委員などの地域の様々な機関が参加します。そして地域の関係機関等が、会議を通じて子どもやその家庭に関する情報や考え方を共有し、解決に向けた提案をして、適切な連携の下で対応していきます。

③オレンジリボン運動

児童虐待を防ぐために、児童虐待防止全国ネットワークが中心となって「オレンジリボン運動」を展開しています。この活動は、2004（平成16）年、栃木県小山市で３歳と４歳になる二人の幼い兄弟が橋の上から川に投げ込まれて幼い命を落とすという痛ましい事件が起こり、二度とこのような事件が起こらないようにという願いを込めて始められたものです。

子育てにおいて起こりやすい課題や、虐待の実態などについて講演会を開催したり、オレンジリボンの普及啓発を通して、社会一般へ、児童虐待の存在を知らせる役割を担っています。

2．障害者虐待の予防とサポート体制

①障害者権利擁護センター・障害者虐待防止センター

障害者虐待防止法に基づいて、各都道府県に障害者権利擁護センターが設置されています。障害者権利擁護センターは、①使用者による虐待に係る通報又は届出の受理、②障害者及び養護者への支援に関する相談対応や相談機関の紹介、③障害者虐待防止と養護者への支援に向けた情報の提供・助言・関係機関との連絡調整、④広報、啓発活動などを実施する役割を担っています。

あわせて各市町村には障害者虐待防止センターが設置されています。障害者虐待防止センターは、①養護者、障害者福祉施設従事者等、使用者による虐待に係る通報又は届出の受理、②障害者と養護者への相談対応、③広報、啓発活動などを実施する役割を担っています。

各センターが障害者虐待に対応する窓口として機能し、相互に連絡の調整や情報提供を行って連携しながら障害者虐待へ対応しています。

ア）事実確認及び立入調査

市町村障害者虐待防止センターへの通報・届出に基づき、市町村の障害者福祉担当部局が訪問調査を行い、障害者虐待の事実確認を行います。虐待により障害者の生命や身体に重大な危険が生じている恐れがある場合は、立入調査を行います。

イ）障害者に対する一時保護

養護者による虐待で障害者の生命や身体に重大な危険が生じている恐れがあるような場合は、養護者から一時的に分離し、安心して生活を送ることができるようになるまで、障害者福祉施設で保護して、必要な支援を行います。

ウ）養護者の負担の軽減を図るための支援

養護者の介護負担の軽減のための相談、指導及び助言などの支援を行います。例えば、障害者福祉施設の短期入所（ショートステイ）や通所サービス、ホームヘルパーの派遣、移動支援事業などの利用につなげたり、家族会への参加やカウンセリングの利用を勧めるなどにより、負担の軽減を図ります。

障害者福祉施設で発生した障害者虐待については、市町村障害者虐待防止センターで相談や通報、届出を受け、市町村と都道府県が連携して事実確認を行います。虐待の事実が確認された場合は、市町村と都道府県が障害者総

合支援法や社会福祉法に基づいて、虐待が発生した施設や事業所に対して、立入調査や改善命令、勧告、認可（指定）取消などの権限を適切に行使することにより、障害者の保護や虐待の再発防止を図ります。

職場で発生した障害者虐待については、市町村障害者虐待防止センターと共に、都道府県障害者権利擁護センターでも通報や届出を受け付けます。市町村・都道府県は、連携して通報内容の事実確認や障害者の安全確認を行うと共に、使用者による障害者虐待については速やかに都道府県労働局に報告し、都道府県労働局は都道府県との連携を図りつつ、労働基準法等関係法律の規定による権限を適切に行使します。

②障害者虐待防止ネットワークの構築

地域における虐待の防止、早期発見･対応には、ネットワークが不可欠です。地域住民や障害者福祉施設、相談支援事業者などの関係機関との連携協力体制を日頃から構築しておくことが求められます。具体的には、その役割と関係者の範囲ごとに、次のようなネットワークを構築されています。

ア）虐待の予防、早期発見、見守りにつながるネットワーク

地域住民、民生児童委員、社会福祉協議会、身体障害者相談員、知的障害者相談員、家族会等からなる、障害者虐待を予防するための身近な地域の見守りネットワークです。

イ）サービス事業所等による虐待発生時の対応ネットワーク

障害福祉サービス事業者や相談支援事業者など、虐待が発生した場合に素早く具体的な支援を行っていくためのネットワークです。

ウ）専門機関による介入支援ネットワーク

警察、弁護士、精神科を含む医療機関、社会福祉士、権利擁護団体など、障害者虐待へ対応する際、専門知識等が求められる場合に各関係機関から援助を求めるためのネットワークです。

こうしたネットワークを構築するため、定期的に、地域における障害者虐待の防止や対応に関わる関係機関等との情報交換や体制づくりの協議等を行い、地域の関係機関のネットワークの強化を図っていきます。地域の関係機関のネットワークに参加することで地域の連携が生まれ、養護者、障害者福祉施設、使用者における虐待防止への意識付けも強化されていくことが期待されます。

③自立支援協議会

自立支援協議会とは、地域における障害者への支援体制に関する課題について情報共有し、関係機関の連携の緊密化を図ったり、地域の実情に応じた障害者への支援体制の整備を図ることを目的とした機関です。

自立支援協議会は、相談支援事業者、障害者福祉施設、保健・医療関係者、教育・雇用関係機関、企業、当事者、民生委員、地域住民など、様々な関係機関が定期的に集まって話し合いを行う場を指します。地域の中で生活困難を抱える障害者の支援方法を協議したり、障害のある人が普通に暮らせる地域づくりに向けた体制づくりを行っています。

地域における障害者支援の中核となる組織が自立支援協議会です。障害者虐待という困難事例についても、虐待防止や早期発見・早期対応ができるように虐待防止ネットワークを構築する上で、自立支援協議会がその旗振り役となることが期待されています。

Ⅴ．虐待者などへの支援体制

１．ペアレントトレーニング[xvi]

親は自分の子どもに対して最良の治療者になることができる、という考え方に基づいて親に対して行われる訓練を指します。ペアレントトレーニングは、学習理論に基づいた行動療法の技法の一種です。行動療法は、不適応に陥っている行動の変容を図ることを目的とした治療技法の体系です。行動療法においては不適応の状態を、望ましくない行動を誤って学習した、望ましい行動を学習してこなかった、その結果、自分自身をうまくコントロールできないと捉えます。

そして、望ましい行動を増やし、望ましくない行動を減らすこと、最終的に行動を自分でコントロールできるようになることを目指します。この一連の流れを、親子のやり取りの中で行います。

行動変容の対象は、子どもの行動変容に対するアプローチと、親子間の関係強化に対するアプローチに分類されます。親は養育スキルを獲得し、適切に子どもと関わることによって、子どもの望ましい行動を増やし、不適切な行動を減らすことに成功できるようになります。これらを一貫して行うことによって、子どもの行動がより良い方向へ定着していくのです。最終的に親は養育に関して自信を持つことができて、親子の関係が強化されるようになります。

望ましい行動・望ましくない行動が起きるメカニズムを明らかにするためには、①行動が起こる前に何が起こっていたか、②実際の行動はどのようなものか、③行動が起こった後にどのような結果が生じたか、の３点を分析します。この分析をすることで、行動の起こりやすい条件（時間帯、場所、人など）が明らかになります。行動の結果、その子がどのような利益を得たかということも判明します。原因が明らかになれば、望ましくない行動が起こらないように環境を調整します。その環境をつくることが困難な環境の場合には、あらかじめ望ましくない行動を防ぐようなルールを設けたり、行動を起こしたことによって得をしないような環境をつくったりするといった対処をします。

2．CAP（Child Assault Prevention）[xvii]

CAPとは、子どもが様々な暴力から自分の心と体を守る暴力防止のための予防教育プログラムです。1978年にアメリカのオハイオ州コロンバスのレイプ救援センターで開発され、昭和60（1985）年に森田ゆりによって日本に紹介されました。

CAPは教職員ワークショップ、保護者ワークショップ、子どもワークショップの３つのプログラムから構成されています。講義型の学習形態とは異なり、参加体験型学習の形をとっており、参加者が自ら考え、意見を述べ、ロールプレイに加わる方法で進行します。

CAPはエンパワメント、人権意識、コミュニティの３本柱をベースに、子どもへのあらゆる暴力を許さない、子どもが自分の大切さを実感できる社会づくりを目指します。エンパワメントとは、子どもの内なる力に働きかけ、その働きかけによって子ども自身が自らの力を活性化させる試みです。人権意識は生きるために絶対に必要なものであり、その中でも特に大切な子どもの権利として、Safe（安心）、Strong（自信）、Free（自由）を共通認識としています。また、子どもの安心・安全のためにはコミュニティの大人がサポートすることが不可欠であるため、子どもへの暴力に対する知識、情報、サポートのためのスキルなどを共有し、互いに助け合う地域をつくるよう積極的に働きかけます。

なお、CAPプログラムの全ての権限はICAP（International Center for Assault Prevention）が有しており、規定のトレーニングを受けたCAPスペシャリスト以外の人が実施したり、真似をしたりすることはできません。

3．行動障害のある障害者への適切な支援 [xviii]

厚生労働省の「障害者福祉施設等における障害者虐待の防止と対応の手引き」には行動障害のある障害者への適切な支援に係る記述があります。ここでは、手引きから抜粋しながら、行動障害とどう向き合っていくかについて説明します。

行動障害のある障害者が示す「問題行動」の原因は、障害によるものだけが原因ではありません。養護者や支援者を含めた環境上の問題にもあるという視点を持つことが必要です。

例えば、自閉症の特性は、たくさんの情報を整理・処理することや、相手からのメッセージを理解し、気持ちを伝えること、時間・空間を整理統合すること、変更への対応、見通しを持つこと等に困難さを抱えています。また、感覚過敏等の特異性や、全体よりも細部に注目しがちな特性、刺激に対し衝動的になる特性などがあります。

ざわざわした騒がしい場面が苦手な障害者が、福祉施設で日中活動に出かけるために玄関で靴に履き替える際、同時に多くの障害者が玄関に集まっていると、ざわざわして本人にとっては大変不快な環境になります。しかし、本人はコミュニケーションの困難性から不快感を訴えることができず、解決のしようがありません。その結果、ストレスを抑えきれなくなり、パニックを起こしたり暴れたりするという「問題行動」が生じてしまうことがあります。

この例を基に問題行動の原因を考えると、本人の「ざわざわした騒がしい場面が苦手」という感覚過敏の特異性、不快感を伝えられないコミュニケーションの困難性、解決方法がわからないという理解力・判断力の困難性などがあげられます。こうした本人の障害特性を理解していないために、わざわざ本人が不快を感じる騒がしい環境に誘導した結果、パニックになるという「問題行動」を誘発したと考えられます。

本人の障害特性と環境要因を分析し、玄関に多くの障害者が集まってざわざわする時間帯を避けて玄関に誘導したり、玄関以外の出入り口から靴を履いて出かける等の支援をすれば、「問題行動」を誘発することなく、本人にとって安心で楽しい時間を過ごすことができます。

行動障害のある人の「問題行動」に対しては、「問題行動」の背景にある「障害特性」と「環境要因」の相互作用を明らかにして、「問題行動」の予防を支援することであり、「問題行動」の背景を探るためには、日常の行動観察が重要になります。

具体的な対応として、①アセスメント、②環境の構造化、があります。

①アセスメント

行動障害のある人への支援で大切なことは、問題行動の防止と行動改善という「問題行動」に焦点を絞った支援だけではなく、それぞれの障害者の強みや長所等、よりポジティブな面を探り出し、生活の質の向上を図るための支援を進めることにあります。

特に次のような項目が重要で、あらかじめ把握している必要があります。

ア．好きなこと苦手なこと

イ．得意なこと・強みと弱み

ウ．コミュニケーションレベル

エ．場面・状況の捉え方・理解の仕方

オ．「何が」わからないのか

カ．どのような刺激に敏感・鈍感か

キ．健康上の課題、合併する障害

②環境の構造化

環境の構造化とは、状況が分かりにくい人に対して、分かりやすい場面を用意して、意味の分かる状況をつくるという方法です。構造化では、いつ・どこで・なにを・どのくらい・どのように・終わったら次はなに、という６つの情報を伝えなければなりません。この６つの情報を分かりやすくするために構造化を図ります。

ア）時間の構造化

「いつ」「どこで」「なにを」という情報を、文字や絵、写真や実物など、一人ひとりの理解レベルに応じてスケジュールを提示します。また、提示の範囲も１日単位から半日単位、次の予定のみなど、障害者の理解度に合わせて提示します。スケジュールの意味が理解できてくると、変化が苦手な人でも、予めスケジュールカードを差し替えることで混乱なく受け入れることができるようになります。このように本人が理解できるスケジュールを提示することで、「見通し」を持ってもらうことができるようになります。

イ）空間の構造化

「どこで」「なにを」するかを伝えます。テープやパーテーション等で境界線を作り、活動場所を視覚的に分かりやすくします。障害者の中には、情報が多いと混乱する場合があるので、刺激になるような物はあらかじめ取り除いておくと分かりやすくなります。また、一つの場所を多目的に使用すると混乱しますので、例えば、作業をするところはワークエリア、おやつはフードエリア、遊びはプレイエリアというように場所と活動を一致させると障害者にとって分かりやすくなります。

ウ）手順の構造化

課題の作業手順等について、「なにを」「どのくらい」「終わったら次は何」ということが分かるように、左から右、上から下の順で、色や数字、○や△などの図形をマッチングすることにより、視覚的に分かりやすく整理します。課題で扱う材料の組み立て方などについて、手順書、指示書によって「どのように」を分かりやすく視覚的に伝えます。またサボタージュ場面（例えば、あえて材料の一部を抜いておくこと）により、適切な要求の方法を支援することもできます。

Column

障害特性を理解し適切に支援するための基本的なポイント

障害はその種類や程度、年齢や性格などによって、一人ひとり現れ方が違います。生活の中で困難なこと、苦手なことも十人十色です。そのため、一人ひとりの特徴に応じて配慮したり、支援したりしていくことが重要です。

①できたことをほめる・できないことを叱らない

障害者は、ほかの人が簡単にできることでも、うまくできないことがあります。本人ができないことや失敗したことを責めたり叱ったりすると、自分はだめだと落ち込んでしまったり、他の人や社会のせいにして攻撃的になったりしてしまいます。障害者が努力しているという点をほめた上で、できないことはどうすればもっとよくなるかを肯定的に伝えましょう。

②説明や指示は簡潔明瞭に

知的障害者や発達障害者はあいまいな表現を理解するのが苦手です。言葉で説明するときは、短い文で、一つずつ順を追って、具体的にするように配慮しましょう。話を理解しやすくなり、見通しがもてるようになります。

③視覚情報を活用する

障害者の中には、言葉で言われるよりも目で見て分かる情報のほうが理解しやすい人も多くいます。写真や絵などの視覚情報を活用しながら、その人が理解している言葉を使って説明すると理解しやすくなります。

Ⅳ．虐待の通告・通報先

1．児童虐待

児童相談所全国共通
ダイヤルポスター

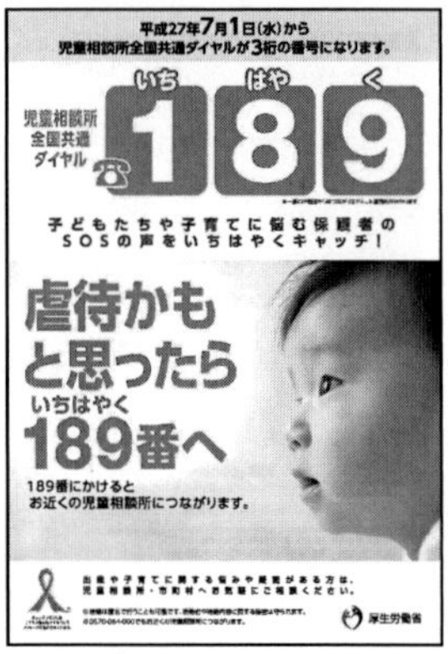

出典：厚生労働省資料

児童虐待を受けたと思われる子どもを見つけたときは児童相談所全国共通ダイヤル「**１８９**（いちはやく）」へ通告してください。お住まいの地域の児童相談所に電話をつないでくれます。

平成 27（2015）年 7 月 1 日から、児童相談所全国共通ダイヤルがこれまでの 10 桁番号から 3 桁番号に変更されています。さらに、平成 28（2016）年 4 月には音声ガイダンスの内容を見直して、児童相談所につながるまでの平均時間を約 70 秒から約 30 秒へ短縮しています。

P.75 にあるように、48 時間以内に安全確認が行われます。尚、通報者が特定されたりすることはなく、匿名での通報が可能です。

全国の児童相談所一覧 [xix]（平成 30 年 10 月 1 日現在）

都道府県 政令指定都市 児童相談所 設置市	児童相談所	郵便番号	住　所	電話番号
1　北海道	中央児童相談所 * 旭川児童相談所 * 稚内分室 帯広児童相談所 * 釧路児童相談所 * 函館児童相談所 * 北見児童相談所 * 岩見沢児童相談所 * 室蘭児童相談所 *	064-8564 070-0040 097-0002 080-0801 085-0805 040-8552 090-0061 068-0828 050-0082	札幌市中央区円山西町 2-1-1 旭川市 10 条通 11 稚内市潮見 1-11 帯広市東 1 条南 1-1-2 釧路市桜ヶ岡 1-4-32 函館市中島町 37-8 北見市東陵町 36-3 岩見沢市鳩が丘 1-9-16 室蘭市寿町 1-6-12	011-631-0301 0166-23-8195 0162-32-6171 0155-22-5100 0154-92-3717 0138-54-4152 0157-24-3498 0126-22-1119 0143-44-4152
2　青森	中央児童相談所 * 弘前児童相談所 八戸児童相談所 五所川原児童相談所 七戸児童相談所 むつ児童相談所	038-0003 036-8356 039-1101 037-0046 039-2574 035-0073	青森市石江字江渡 5-1 弘前市下銀町 14-2 八戸市大字尻内町字鴨田 7 五所川原市栄町 10 上北郡七戸町字蛇坂 55-1 むつ市中央 1-1-8	017-781-9744 0172-36-7474 0178-27-2271 0173-38-1555 0176-60-8086 0175-23-5975
3　岩手	福祉総合相談センター * 宮古児童相談所 * 一関児童相談所 *	020-0015 027-0075 021-0027	盛岡市本町通 3-19-1 宮古市和見町 9-29 一関市竹山町 5-28	019-629-9600 0193-62-4059 0191-21-0560
4　宮城	中央児童相談所 * 東部児童相談所 気仙沼支所 * 北部児童相談所	981-1217 986-0850 988-0066 989-6161	名取市美田園 2-1-4 石巻市あゆみ野 5-7 気仙沼市東新城 3-3-3 大崎市古川駅南 2-4-3	022-784-3583 0225-95-1121 0226-21-1020 0229-22-0030
5　秋田	中央児童相談所 * 北児童相談所 南児童相談所	010-1602 018-5601 013-8503	秋田市新屋下川原町 1-1 大館市十二所字平内新田 237-1 横手市旭川 1-3-46	018-862-7311 0186-52-3956 0182-32-0500

都道府県 政令指定都市 児童相談所 設置市	児童相談所	郵便番号	住　所	電話番号
6　山形	福祉相談センター * 庄内児童相談所 *	990-0031 997-0013	山形市十日町 1-6-6 鶴岡市道形町 49-6	023-627-1195 0235-22-0790
7　福島	中央児童相談所 * 県中児童相談所 * 白河相談室 * 会津児童相談所 * 南会津相談室 浜児童相談所 * 南相馬相談室 *	960-8002 963-8540 961-0074 965-0003 967-0004 970-8033 975-0031	福島市森合町 10-9 郡山市麓山 1-1-1 白河市字郭内 127 会津若松市一箕町大字八幡字門田 1-3 南会津町田島字天道沢甲 2542-2 いわき市自由が丘 38-15 南相馬市原町区錦町 1-30	024-534-5101 024-935-0611 0248-22-5648 0242-23-1400 0241-63-0309 0246-28-3346 0244-26-1135
8　茨城	福祉相談センター * 日立児童分室 * 鹿行児童分室 * 土浦児童相談所 筑西児童相談所	310-0005 317-0072 311-1517 300-0812 308-0841	水戸市水府町 864-16 日立市弁天町 3-4-7 鉾田市鉾田 1367-3 土浦市下高津 3-14-5 筑西市二木成 615	029-221-4150 0294-22-0294 0291-33-4119 029-821-4595 0296-24-1614
9　栃木	中央児童相談所 * 県南児童相談所 県北児童相談所	320-0071 328-0042 329-2723	宇都宮市野沢町 4-1 栃木市沼和田町 17-22 那須塩原市南町 7-20	028-665-7830 0282-24-6121 0287-36-1058
10　群馬	中央児童相談所 * 北部支所 西部児童相談所 東部児童相談所	379-2166 377-0027 370-0829 373-0033	前橋市野中町 360-1 渋川市金井 394 高崎市高松町 6 太田市西本町 41-34	027-261-1000 0279-20-1010 027-322-2498 0276-31-3721
11　埼玉	中央児童相談所 * 南児童相談所 * 川越児童相談所 所沢児童相談所 * 熊谷児童相談所 越谷児童相談所 * 草加支所 *	362-0013 333-0848 350-0838 359-0042 360-0014 343-0033 340-0035	上尾市上尾村 1242-1 川口市芝下 1-1-56 川越市宮元町 33-1 所沢市並木 1-9-2 熊谷市箱田 5-12-1 越谷市恩間 402-1 草加市西町 425-2	048-775-4152 048-262-4152 049-223-4152 04-2992-4152 048-521-4152 048-975-4152 048-920-4152
12　千葉	中央児童相談所 * 市川児童相談所 * 柏児童相談所 * 銚子児童相談所 * 東上総児童相談所 * 君津児童相談所 *	263-0016 272-0026 277-0831 288-0813 297-0029 299-1151	千葉市稲毛区天台 1-10-3 市川市東大和田 2-8-6 柏市根戸 445-12 銚子市台町 2183 茂原市高師 3007-6 君津市中野 4-18-9	043-253-4101 047-370-1077 04-7131-7175 0479-23-0076 0475-27-1733 0439-55-3100
13　東京	児童相談センター ** 北児童相談所 品川児童相談所 立川児童相談所 ** 江東児童相談所 * 杉並児童相談所 小平児童相談所 八王子児童相談所 * 足立児童相談所 * 多摩児童相談所 世田谷児童相談所	169-0074 114-0002 140-0001 190-0012 135-0051 167-0052 187-0002 193-0931 123-0845 206-0024 156-0054	新宿区北新宿 4-6-1 北区王子 6-1-12 品川区北品川 3-7-21 立川市曙町 3-10-19 江東区枝川 3-6-9 杉並区南荻窪 4-23-6 小平市花小金井 1-31-24 八王子市台町 3-17-30 足立区西新井本町 3-8-4 多摩市諏訪 2-6 世田谷区桜丘 5-28-12	03-5937-2302 03-3913-5421 03-3474-5442 042-523-1321 03-3640-5432 03-5370-6001 042-467-3711 042-624-1141 03-3854-1181 042-372-5600 03-5477-6301
14　神奈川	中央児童相談所 * 平塚児童相談所 * 鎌倉三浦地域児童相談所 小田原児童相談所 厚木児童相談所 *	252-0813 254-0075 238-0006 250-0042 243-0004	藤沢市亀井野 3119 平塚市中原 3-1-6 横須賀市日の出町 1-4-7 小田原市荻窪 350-1 厚木市水引 2-3-1	0466-84-1600 0463-73-6888 046-828-7050 0465-32-8000 046-224-1111

都道府県 政令指定都市 児童相談所 設置市	児童相談所	郵便番号	住　所	電話番号
15　新潟	中央児童相談所 * 長岡児童相談所 * 上越児童相談所 * 新発田児童相談所 南魚沼児童相談所	950-0121 940-0857 943-0807 957-8511 949-6680	新潟市江南区亀田向陽 4-2-1 長岡市沖田 1-237 上越市春日山町 3-4-17 新発田市豊町 3-3-2 南魚沼市六日町 620-2	025-381-1111 0258-35-8500 025-524-3355 0254-26-9131 025-770-2400
16　富山	富山児童相談所 * 高岡児童相談所 *	930-0964 933-0045	富山市東石金町 4-52 高岡市本丸町 12-12	076-423-4000 0766-21-2124
17　石川	中央児童相談所 * 七尾児童相談所 *	920-8557 926-0031	金沢市本多町 3-1-10 七尾市古府町そ部 8 番 1	076-223-9553 0767-53-0811
18　福井	総合福祉相談所 * 敦賀児童相談所 *	910-0026 914-0074	福井市光陽 2-3-36 敦賀市角鹿町 1-32	0776-24-5138 0770-22-0858
19　山梨	中央児童相談所 * 都留児童相談所 *	400-0005 402-0054	甲府市北新 1-2-12 都留市田原 3-5-24	055-254-8617 0554-45-7838
20　長野	中央児童相談所 * 松本児童相談所 * 飯田児童相談所 諏訪児童相談所 佐久児童相談所	380-0872 390-1401 395-0157 392-0131 385-0022	長野市大字南長野妻科 144 松本市波田 9986 飯田市大瀬木 1107-54 諏訪市湖南 3248-3 佐久市岩村田 3152-1	026-238-8010 0263-91-3370 0265-25-8300 0266-52-0056 0267-67-3437
21　岐阜	中央子ども相談センター * 西濃子ども相談センター 中濃子ども相談センター 東濃子ども相談センター 飛騨子ども相談センター *	500-8385 503-0852 505-8508 507-8708 506-0032	岐阜市下奈良 2-2-1 大垣市禾森町 5-1458-10 美濃加茂市古井町下古井 2610-1 多治見市上野町 5-68-1 高山市千島町 35-2	058-273-1111 0584-78-4838 0574-25-3111 0572-23-1111 0577-32-0594
22　静岡	中央児童相談所 * 賀茂児童相談所 東部児童相談所 * 富士児童相談所 西部児童相談所	426-0026 415-0016 410-8543 416-0906 438-8622	藤枝市岡出山 2-2-25 下田市中 531-1 沼津市髙島本町 1-3 富士市本市場 441-1 磐田市見付 3599-4	054-646-3570 0558-24-2038 055-920-2085 0545-65-2141 0538-37-2810
23　愛知	中央児童・障害者相談センター 海部児童・障害者相談センター 知多児童・障害者相談センター 西三河児童・障害者相談センター * 豊田加茂児童・障害者相談センター 新城設楽児童・障害者相談センター 東三河児童・障害者相談センター 一宮児童相談センター 春日井児童相談センター * 刈谷児童相談センター	460-0001 496-8535 475-0902 444-0860 471-0024 441-1326 440-0806 491-0917 480-0304 448-0851	名古屋市中区三の丸 2-6-1 津島市西柳原町１−１４ 半田市宮路町 1-1 岡崎市明大寺本町 1-4 豊田市元城町 3-17 新城市字中野 6-1 豊橋市八町通 5-4 一宮市昭和 1-11-11 春日井市神屋町 713-8 刈谷市神田町 1-3-4	052-961-7250 0567-25-8118 0569-22-3939 0564-27-2779 0565-33-2211 0536-23-7366 0532-54-6465 0586-45-1558 0568-88-7501 0566-22-7111
24　三重	北勢児童相談所 * 中勢児童相談所 * 南勢志摩児童相談所 伊賀児童相談所 紀州児童相談所	510-0894 514-0113 516-8566 518-8533 519-3695	四日市市大字泊村 977-1 津市一身田大古曽 694-1 伊勢市勢田町 628-2 伊賀市四十九町 2802 尾鷲市坂場西町 1-1	059-347-2030 059-231-5666 0596-27-5143 0595-24-8060 0597-23-3435
25　滋賀	中央子ども家庭相談センター * 彦根子ども家庭相談センター * 大津・高島子ども家庭相談センター	525-0072 522-0043 520-0801	草津市笠山 7-4-45 彦根市小泉町 932-1 大津市におの浜 4-4-5	077-562-1121 0749-24-3741 077-548-7768

都道府県 政令指定都市 児童相談所 設置市	児童相談所	郵便番号	住　所	電話番号
26　京都	家庭支援総合センター *	605-0862	京都市東山区清水 4-185-1	075-531-9600
	宇治児童相談所 *	611-0033	宇治市大久保町井ノ尻 13 − 1	0774-44-3340
	京田辺支所 *	610-0332	京田辺市興戸小モ詰 18-1	0774-68-5520
	福知山児童相談所 *	620-0881	福知山市字堀小字内田 1939-1	0773-22-3623
27　大阪	中央子ども家庭センター **	572-0838	寝屋川市八坂町 28-5	072-828-0161
	池田子ども家庭センター	563-0041	池田市満寿美町 9-17	072-751-2858
	吹田子ども家庭センター	564-0072	吹田市出口町 19-3	06-6389-3526
	東大阪子ども家庭センター	577-0809	東大阪市永和 1-7-4	06-6721-1966
	富田林子ども家庭センター	584-0031	富田林市寿町 2-6-1 大阪府南河内府民センタービル内	0721-25-1131
	岸和田子ども家庭センター	596-0043	岸和田市宮前町 7-30	072-445-3977
28　兵庫	中央こども家庭センター *	673-0021	明石市北王子町 13-5	078-923-9966
	洲本分室 *	656-0021	洲本市塩屋 2-4-5	0799-26-2075
	西宮こども家庭センター	662-0862	西宮市青木町 3-23	0798-71-4670
	尼崎駐在 * (※電話は西宮こども家庭センターに転送されます)	661-0024	尼崎市三反田町 1-1-1	06-6423-0801
	川西こども家庭センター	666-0017	川西市火打 1-22-8	072-756-6633
	丹波分室 *	669-3309	丹波市柏原町柏原 688	0795-73-3866
	姫路こども家庭センター	670-0092	姫路市新在家本町 1-1-58	079-297-1261
	豊岡こども家庭センター	668-0063	豊岡市正法寺 446	0796-22-4314
29　奈良	中央こども家庭相談センター *	630-8306	奈良市紀寺町 833	0742-26-3788
	高田こども家庭相談センター	635-0095	大和高田市大中 17-6	0745-22-6079
30　和歌山	子ども・女性・障害者相談センター *	641-0014	和歌山市毛見 1437-218	073-445-5312
	紀南児童相談所	646-0011	田辺市新庄町 3353-9	0739-22-1588
	新宮分室 *	647-8551	新宮市緑ヶ丘 2-4-8	0735-21-9634
31　鳥取	中央児童相談所 *	680-0901	鳥取市江津 318-1	0857-23-6080
	米子児童相談所 *	683-0052	米子市博労町 4-50	0859-33-1471
	倉吉児童相談所 *	682-0021	倉吉市宮川町 2-36	0858-23-1141
32　島根	中央児童相談所 *	690-0823	松江市西川津町 3090-1	0852-21-3168
	隠岐相談室 *	685-8601	隠岐郡隠岐の島町港町塩口 24	08512-2-9706
	出雲児童相談所 *	693-0051	出雲市小山町 70	0853-21-0007
	浜田児童相談所 *	697-0005	浜田市上府町イ 2591	0855-28-3560
	益田児童相談所 *	698-0041	益田市高津 4-7-47	0856-22-0083
33　岡山	中央児童相談所 *	700-0807	岡山市北区南方 2-13-1	086-235-4152
	倉敷児童相談所	710-0052	倉敷市美和 1-14-31	086-421-0991
	井笠相談室 *	714-8502	笠岡市六番町 2-5	0865-69-1680
	高梁分室 *	716-8585	高梁市落合町近似 286-1	0866-21-2833
	高梁分室新見相談室 *	718-8550	新見市高尾 2400	0866-21-2833
	津山児童相談所 *	708-0004	津山市山北 288-1	0868-23-5131
34　広島	西部こども家庭センター *	734-0003	広島市南区宇品東 4-1-26	082-254-0381
	東部こども家庭センター *	720-0838	福山市瀬戸町山北 291-1	084-951-2340
	北部こども家庭センター	728-0013	三次市十日市東 4-6-1	0824-63-5181
35　山口	中央児童相談所 *	753-0214	山口市大内御堀 5-6-28	083-922-7511
	岩国児童相談所	740-0016	岩国市三笠町 1-1-1	0827-29-1513
	周南児童相談所	745-0836	周南市慶万町 2-13	0834-21-0554
	宇部児童相談所	755-0033	宇部市琴芝町 1-1-50	0836-39-7514
	下関児童相談所	751-0823	下関市貴船町 3-2-2	083-223-3191
	萩児童相談所	758-0041	萩市江向 531-1	0838-22-1150

都道府県 政令指定都市 児童相談所 設置市	児童相談所	郵便番号	住　所	電話番号
36　徳島	中央こども女性相談センター * 南部こども女性相談センター 西部こども女性相談センター	770-0942 774-0011 777-0005	徳島市昭和町 5-5-1 阿南市領家町野神 319 美馬市穴吹町穴吹字明連 23	088-622-2205 0884-22-7130 0883-53-3110
37　香川	子ども女性相談センター * 西部子ども相談センター	760-0004 763-0082	高松市西宝町 2 丁目 6-32 丸亀市土器町東 8 丁目 526	087-862-8861 0877-24-3173
38　愛媛	福祉総合支援センター * 東予子ども・女性支援センター * 南予子ども・女性支援センター *	790-0811 792-0825 798-0060	松山市本町 7-2 新居浜市星原町 14-38 宇和島市丸之内 3-1-19	089-922-5040 0897-43-3000 0895-22-1245
39　高知	中央児童相談所 * 幡多児童相談所	781-5102 787-0050	高知市大津甲 770-1 四万十市渡川 1-6-21	088-866-6791 0880-37-3159
40　福岡	福岡児童相談所 * 久留米児童相談所 * 田川児童相談所 * 大牟田児童相談所 * 宗像児童相談所 京築児童相談所	816-0804 830-0047 826-0041 836-0027 811-3436 828-0021	春日市原町 3-1-7 久留米市津福本町 281 田川市大字弓削田 188 大牟田市西浜田町 4-1 宗像市東郷 5-5-3 豊前市大字八屋 2007-1	092-586-0023 0942-32-4458 0947-42-0499 0944-54-2344 0940-37-3255 0979-84-0407
41　佐賀	中央児童相談所 * 北部児童相談所	840-0851 847-0012	佐賀市天祐 1-8-5 唐津市大名小路 3-1	0952-26-1212 0955-73-1141
42　長崎	長崎こども・女性・障害者支援センター * 佐世保こども・女性・障害者支援センター *	852-8114 857-0034	長崎市橋口町 10-22 佐世保市万徳町 10-3	095-844-6166 0956-24-5080
43　熊本	中央児童相談所 * 八代児童相談所	861-8039 866-8555	熊本市東区長嶺南 2-3-3 八代市西片町 1660	096-381-4451 0965-33-3247
44　大分	中央児童相談所 * 中津児童相談所	870-0889 871-0024	大分市荏隈 5 丁目 中津市中央町 1-10-22	097-544-2016 0979-22-2025
45　宮崎	中央児童相談所 * 都城児童相談所 * 延岡児童相談所 *	880-0032 885-0017 882-0803	宮崎市霧島 1-1-2 都城市年見町 14-1-1 延岡市大貫町 1-2845	0985-26-1551 0986-22-4294 0982-35-1700
46　鹿児島	中央児童相談所 * 大島児童相談所 * 大隅児童相談所	891-0175 894-0012 893-0011	鹿児島市桜ヶ丘 6-12 奄美市名瀬小俣町 20-2 鹿屋市打馬 2-16-6	099-264-3003 0997-53-6070 0994-43-7011
47　沖縄	中央児童相談所 * 八重山分室 * コザ児童相談所 *	903-0804 907-0002 904-2143	那覇市首里石嶺町 4-404-2 石垣市真栄里 438-1 （八重山福祉保健所内） 沖縄市知花 6-34-6	098-886-2900 0980-88-7801 098-937-0859
48　札幌市	札幌市児童相談所 *	060-0007	札幌市中央区北7条西 26	011-622-8630
49　仙台市	仙台市児童相談所 *	981-0908	仙台市青葉区東照宮 1-18-1	022-219-5111
50　さいたま市	さいたま市児童相談所 *	330-0071	さいたま浦和区上木崎 4-4-10	048-711-2416
51　千葉市	千葉市児童相談所 *	261-0003	千葉市美浜区高浜 3-2-3	043-277-8880

都道府県 政令指定都市 児童相談所 設置市	児童相談所	郵便番号	住　所	電話番号
52　横浜市	中央児童相談所 * 西部児童相談所 * 南部児童相談所 * 北部児童相談所 *	232-0024 240-0001 235-0045 224-0032	横浜市南区浦舟町 3-44-2 横浜市保土ケ谷区川辺町 5-10 横浜市磯子区洋光台 3-18-29 横浜市都筑区茅ケ崎中央 32-1	045-260-6510 045-331-5471 045-831-4735 045-948-2441
53　川崎市	こども家庭センター * 中部児童相談所 * 北部児童相談所	212-0058 213-0013 214-0038	川崎市幸区鹿島田 1-21-9 川崎市高津区末長 1-3-9 川崎市多摩区生田 7-16-2	044-542-1234 044-877-8111 044-931-4300
54　相模原市	相模原市児童相談所 *	252-0206	相模原市中央区淵野辺 2-7-2	042-730-3500
55　横須賀市	横須賀市児童相談所 *	238-8525	横須賀市小川町１６	046-820-2323
56　新潟市	新潟市児童相談所 *	951-8133	新潟市中央区川岸町 1-57-1	025-230-7777
57　金沢市	金沢市児童相談所 *	921-8171	金沢市富樫 3-10-1	076-243-4158
58　静岡市	静岡市児童相談所 *	420-0947	静岡市葵区堤町 914-417	054-275-2871
59　浜松市	浜松市児童相談所 *	430-0929	浜松市中区中央 1-12-1	053-457-2703
60　名古屋市	名古屋市中央児童相談所 * 名古屋市西部児童相談所 * 名古屋市東部児童相談所 *	466-0858 454-0875 458-0801	名古屋市昭和区折戸町 4-16 名古屋市中川区小城町 1-1-20 名古屋市緑区鳴海町字小森 48-5	052-757-6111 052-365-3231 052-899-4630
61　京都市	京都市児童相談所 * 京都市第二児童相談所	602-8155 612-8434	京都市上京区竹屋町通千本東入主税町 910-25 京都市伏見区深草加賀屋敷町 24-26	075-801-2929 075-612-2727
62　大阪市	大阪市こども相談センター * 大阪市南部こども相談センター *	540-0003 547-0026	大阪市中央区森ノ宮中央 1-17-5 大阪市平野区喜連西 6-2-55	06-4301-3100 06-6718-5050
63　堺市	堺市子ども相談所 *	590-0808	堺市堺区旭ヶ丘中町 4-3-1 （堺市立健康福祉プラザ３階）	072-245-9197
64　神戸市	こども家庭センター *	650-0044	神戸市中央区東川崎町 1-3-1	078-382-2525
65　岡山市	岡山市こども総合相談所 *	700-8546	岡山市北区鹿田町 1-1-1	086-803-2525
66　広島市	広島市児童相談所 *	732-0052	広島市東区光町 2-15-55	082-263-0694
67　北九州市	子ども総合センター *	804-0067	北九州市戸畑区汐井町 1-6	093-881-4556
68　福岡市	こども総合相談センター *	810-0065	福岡市中央区地行浜 2-1-28	092-832-7100
69　熊本市	熊本市児童相談所 *	862-0971	熊本市中央区大江 5-1-50	096-366-8181

1. ※１一時保護所を設置する児童相談所
凡例 *
2. ※２一時保護所を２か所設置する児童相談所
凡例 **
→　児童相談所数＝212 か所（平成 30 年 10 月１日現在）
→　一時保護所数＝137 か所（平成 30 年 10 月１日現在）

2．障害者虐待

障害者虐待を発見した人は、各都道府県や市町村に存在する「都道府県障害者権利擁護センター」や「市町村障害者虐待防止センター」に通報窓口があります。

障害者虐待防止法に係る通報・届出窓口一覧 [xx] **（都道府県分・平成28年1月20日現在）**

都道府県	名称	郵便番号	住　所	電話番号
1　北海道	北海道障がい者権利擁護センター	060-0003	札幌市中央区北３条西6丁目	011-231-8617
2　青森	青森県障害福祉課 青森県障害者権利擁護センター（青森県社会福祉協議会）	030-8570 030-0822	青森市長島1-1-1 青森市中央3-20-30 県民福祉プラザ２階	017-734-9307 017-721-1206
3　岩手	岩手県障がい保健福祉課 障がい者110番	020-8570	盛岡市内丸10-1	019-629-5447 019-639-6533
4　宮城	宮城県障がい者権利擁護センター（宮城県社会福祉士会）	981-0935	仙台市青葉区三条町10-19	022-727-6101
5　秋田	秋田県健康福祉部障害福祉課	010-8570	秋田市山王四丁目１－１	018-860-1331
6　山形	山形県障がい者権利擁護センター（山形県健康福祉部障がい福祉課）	990-8570	山形市松波二丁目8-1	023-630-2148
7　福島	福島県障がい者権利擁護センター（福島県保健福祉部障がい福祉課）	960-8670	福島市杉妻町2-16	024-521-8419
8　茨城	茨城県障害者権利擁護センター（茨城県手をつなぐ育成会）	310-0851	水戸市千波町1918 茨城県総合福祉会館２階	029-353-8663
9　栃木	栃木県障害者権利擁護センター（栃木県保健福祉部障害福祉課）	320-8501	宇都宮市塙田1-1-20	028-623-3139
10　群馬	群馬県障害者権利擁護センター（群馬県社会福祉士会）	371-0843	群馬県前橋市新前橋町13－12 群馬県社会福祉総合センター7階	027-289-3127
11　埼玉	埼玉県障害者権利擁護センター（埼玉県社会福祉協議会）	330-0075	さいたま市浦和区針ヶ谷4-2-65	048-822-1297
12　千葉	千葉県障害者権利擁護センター（千葉県健康福祉部障害福祉課内）	260-8667	千葉市中央区市場町1-1	043-223-1020 043-223-1019
13　東京	東京都障害者権利擁護センター（東京都福祉保健局障害者施策推進部計画課）	163-8001	新宿区西新宿2-8-1	03-5320-4223
14　神奈川	神奈川県障害者権利擁護センター（特定非営利活動法人神奈川県障害者自立生活支援センター）	243-0035	厚木市愛甲1-7-6	046-265-0604

都道府県	名称	郵便番号	住　所	電話番号
15　新潟	新潟県障害者権利擁護センター（新潟県福祉保健部障害福祉課）	950-8570	新潟市中央区新光町 4-1	025-280-5250
16　富山	富山県障害者権利擁護センター（富山県社会福祉協議会）	930-0094	富山市安住町５－21 富山県総合福祉会館（サンシップとやま）２階	076-432-2950
17　石川	石川県健康福祉部障害保健福祉課	920-8580	金沢市鞍月1丁目1番地	076-225-1464
18　福井	福井県総合福祉相談所障害者支援課	910-0026	福井市光陽２丁目 3-36	0776-24-5135
19　山梨	山梨県障害者権利擁護センター（山梨県障害者福祉協会）	400-0005	甲府市北新 1-2-12	055-254-6266
20　長野	長野県障がい者権利擁護（虐待防止）センター（長野県健康福祉部障がい者支援課）	380-8570	長野市大字南長野字幅下 692-2	026-235-7107
21　岐阜	福井県総合福祉相談所障岐阜県障害者権利擁護センター（岐阜県社会福祉士会）	500-8261	岐阜市茜部大野２丁目 219 番地	058-215-0618
22　静岡	静岡県障害者虐待防止支援センター（静岡県障害者政策課）	420-8601	静岡市葵区追手町９番６号	054-221-2352
23　愛知	愛知県障害者権利擁護センター（愛知県健康福祉部障害福祉課）	460-8501	名古屋市中区三の丸三丁目１番２号	052-954-6292
24　三重	三重県障害者権利擁護センター（三重県障害者相談支援センター）	514－011	津市一身田大古曽 670-2	059-232-7533
25　滋賀	滋賀県障害者権利擁護センター（滋賀県社会福祉協議会）	525-0072	草津市笠山７丁目８－138	077-566-1115
26　京都	京都府障害者・高齢者権利擁護支援センター（京都府健康福祉部障害者支援課）	602-8570	京都市上京区下立売通新町西入薮ノ内町	075-414-4607
27　大阪	大阪府障がい者権利擁護センター（大阪府福祉部障がい福祉室）	540-0008	大阪市中央区大手前３丁目 2-12	06-6944-6615
28　兵庫	兵庫県障害者権利擁護センター（兵庫県健康福祉部障害福祉局障害福祉課）	650-8567	神戸市中央区下山手通 5-10-1	078-362-3834
29　奈良	奈良県障害者権利擁護センター（奈良県健康福祉部障害福祉課）	630-8501	奈良市登大路町 30 番地	0742-27-8516
30　和歌山	和歌山県障害者権利擁護センター（和歌山県福祉保健部福祉保健政策局障害福祉課）	640-8585	和歌山市小松原通一丁目１番地	073-432-5557

都道府県	名称	郵便番号	住　所	電話番号
31　鳥取	鳥取県東部福祉保健事務所 鳥取県中部総合事務所福祉保健局 鳥取県西部総合事務所福祉保健局	680-0901 682-0802 683-0802	鳥取市江津 730 倉吉市東巌城町 2 米子市東福原 1 丁目 1-45	0857-22-5647 0858-23-3124 0859-31-9301
32　島根	島根県障がい者権利擁護センター（島根県健康福祉部障がい福祉課）	690-8501	松江市殿町 1 番地	0852-22-5327
33　岡山	岡山県障害者権利擁護センター（岡山県社会福祉士会）	700-0813	岡山市北区石関町 2-1（岡山県総合福祉会館 6 階）	086-226-6100
34　広島	広島県障害者権利擁護センター（広島県社会福祉協議会）	732-0816	広島市南区比治山本町 12-2（広島県社会福祉会館内）	082-569-5151
35　山口	山口県障害者権利擁護センター（山口県社会福祉士会）	753-0072	山口市大手町 9 番 6 号（山口県社会福祉会館内）	083-902-8300
36　徳島	徳島県障がい者権利擁護センター（徳島県障がい者相談支援センター）	770-0005	徳島市南矢三町二丁目 1-59	088-631-1188
37　香川	香川県障害者権利擁護センター（香川県障害福祉相談所）	760-8057	高松市田村町 1114（かがわ総合リハビリテーション内）	087-867-2696
38　愛媛	愛媛県障害者権利擁護センター（愛媛県社会福祉協議会）	790-8553	松山市持田町 3 丁目 8-15（愛媛県総合社会福祉会館 1 階）	089-968-2201
39　高知	高知県障害者権利擁護センター（高知県地域福祉部障害保健福祉課）	780-8570	高知市丸ノ内 1－2－20	088-822-7388
40　福岡	福岡県福祉労働部障害者福祉課	812-8577	福岡市博多区東公園 7-7	092-643-3312
41　佐賀	佐賀県障害者権利擁護センター（佐賀県健康福祉本部障害福祉課）	840-0041	佐賀市城内一丁目1番59号	080-8394-8431
42　長崎	長崎県福祉保健部障害福祉課 長崎県障害者権利擁護センター（長崎こども・女性・障害者支援センター）	850-8570 852-8114	長崎市江戸町 2 番 13 号 長崎市橋口町 10-22	0120-294210 0120-294210
43　熊本	熊本県障がい者権利擁護センター（熊本県健康福祉部子ども・障がい福祉局障がい者支援課）	862-8570	熊本市中央区水前寺 6 丁目 18 番	096-333-2244
44　大分	大分県障害者権利擁護センター（大分県福祉保健部障害福祉課）	870-8501	大分市大手町 3 丁目 1 番 1 号	097-506-2728
45　宮崎	宮崎県障がい者権利擁護センター（宮崎県福祉保健部障がい福祉課）	880-8501	宮崎市橘通東 2 丁目 10 番 1 号	0985-26-7670
46　鹿児島	鹿児島県障害者権利擁護センター（鹿児島県障害福祉課）	890-8577	鹿児島市鴨池新町 10-1	099-286-5110
47　沖縄	子ども生活福祉部障害福祉課（沖縄県障害者権利擁護センター）	900-8570	那覇市泉崎 1-2-2	098-866-2190

引用文献・参考文献

i　児童虐待防止全国ネットワーク（2018）．子どもの虐待について．
http://www.orangeribbon.jp/about/child/　(2018/8/8)

ii　WHO（2016）．Child maltreatment.
http://www.who.int/mediacentre/factsheets/fs150/en/　(2018/8/8)

iii　厚生労働省（2017）．子ども虐待による死亡事例等の検証結果等について（第 14 次報告）.
https://www.mhlw.go.jp/stf/seisakunitsuite/bunya/0000173329_00001.html (2018/8/30)

iv　厚生労働省雇用均等・児童家庭局総務課（2013）．子ども虐待対応の手引き（平成 25 年 8 月改正版）.
https://www.mhlw.go.jp/seisakunitsuite/bunya/kodomo/kodomo_kosodate/dv/dl/120502_11.pdf　(2018/8/8)

v　栗栖瑛子（1974）．子どもの養育に関する社会病理的考察：嬰児殺および児童の遺棄、虐待などをめぐって．ジュリスト，577，121-127.

vi　厚生労働省雇用均等・児童家庭局（2013）．子ども虐待対応の手引き（平成 25 年 8 月 改正版）.
https://www.mhlw.go.jp/seisakunitsuite/bunya/kodomo/kodomo_kosodate/dv/130823-01.html　(2018/8/8)

vii　厚生労働省（2018）．平成 29 年度福祉行政報告例の概況.
https://www.mhlw.go.jp/toukei/saikin/hw/gyousei/17/index.html　(2018/8/8)

viii　内閣府（2017）．平成 28 年版子供・若者白書.
http://www8.cao.go.jp/youth/whitepaper/h28honpen/index.html　(2018/8/8)

ix　岡本夏木（2005）．幼児期―子どもは世界をどうつかむか．岩波書店.

x　厚生労働省（2018）．平成 29 年度「障害者虐待の防止、障害者の養護者に対する支援等に関する法律」に基づく対応状況等に関する調査結果報告書.
https://www.mhlw.go.jp/stf/houdou/0000189859_00001.html　(2018/12/26)

xi　中根成寿（2007）．障害は虐待のリスクか？～児童虐待と発達障害の関係について～．福祉社会研究，vol.8，39-49.

xii　Fink, S. L（1967）. Crisis and Motivation: A theoretical Model, Archives of Physical Medicine & Rehabilitation, 48（11）, 592-597.

xiii　Drotar,D., Baskiewicz,A., Irvin,N., Kennell,J., & Klaus,M.（1975）. The adaptation of par-ents to the birth of an' infant with a con-genital malformation : A hypothetical model. Pe-diatrics, 56（5）, 710-717.

xiv　厚生労働省（2012）．障害者虐待の防止、障害者の養護者に対する支援等に関する法律の施行に向けた適切な対応の徹底について（通知）

https://www.mhlw.go.jp/stf/seisakunitsuite/bunya/hukushi_kaigo/shougaishahukushi/gyakutaiboushi/tsuuchi.html （2018/08/08）
xv 厚生労働省社会・援護局（2018）．障害者福祉施設等における障害者虐待の防止と対応の手引き．
https://www.mhlw.go.jp/file/06-Seisakujouhou-12200000-Shakaiengokyokushougaihokenfukushibu/0000211204.pdf （2018/8/8）
xvi 小林芳郎（2005）．家族のための心理学．保育出版社．
xvii NPO法人CAPセンターJAPAN.
http://cap-j.net/（2018/10/4）
xviii 厚生労働省社会・援護局（2018）．障害者福祉施設等における障害者虐待の防止と対応の手引き．
https://www.mhlw.go.jp/file/06-Seisakujouhou-12200000-Shakaiengokyokushougaihokenfukushibu/0000211204.pdf （2018/8/8）
xix 厚生労働省（2017）．平成29年度全国児童相談所一覧．
https://www.mhlw.go.jp/bunya/kodomo/dv30/zisouichiran.html （2018/10/1）
xx 厚生労働省（2016）．障害者虐待防止法に係る通報・届出窓口一覧（都道府県分）
http://www.mhlw.go.jp/file/06-Seisakujouhou-12200000-Shakaiengokyokushougaihokenfukushibu/PDF_18.pdf （2018/8/8）

あとがき

本書の企画が始まって初稿の執筆の頃から、校正がすすみ最終校正が終わるまでの１年ばかりの間にも、子どもや障害のある人に対する虐待の報道がいくつも流れてきました。しかし、本書ではそれらに関しては詳しくは触れませんでした。そもそも本書発刊の当初の考えで、初心者向けテキストを想定した概論的なものをまとめることにあったからです。

しかし本書がきっかけとなって、子どもや障害のある人に対する虐待について詳しく学びたいと考えて頂いた人は、より学術的であったり実践的であったりする書籍などを手にして、もっと深く虐待について学んで欲しいと思っています。

いくつかの要因が、様々な誘引と重なり合って起こるのが「虐待」です。私たちも、この間の報道などの影響を受けて、もう少し具体的な事例を取りあげたものが必要では無いのかとも考えました。心理学や児童学や社会福祉学等の立場から、具体的な事例を分析しながら虐待防止を学ぶ初心者向けのテキストです。

またお目にかかれるまでお待ち頂ければ幸いです。

執筆者一同

2019 年 8 月

執筆者プロフィール

島 治伸（しま　はるのぶ）1956 年生まれ

公認心理師（臨床心理士）

大学病院嘱託、公立学校教員、香川大学非常勤講師、徳島県教育委員会指導主事、文部科学省調査官を経て、徳島文理大学教授。

日本育療学会副理事長、日本子ども虐待防止学会等会員。

藤田 益伸（ふじた　よしのぶ）1979 年生まれ

社会福祉士

高齢者福祉施設、日本学術振興会特別研究員、姫路日ノ本短期大学、岡山大学非常勤講師、徳島文理大学講師を経て、神戸医療福祉大学社会福祉学部講師。

博士 (文化科学)、日本行動分析学会・日本応用心理学会等会員。

中原 昌子（なかはら　しょうこ）1965 年生まれ

幼稚園教諭免許 (旧制度)、メンタルヘルスマネージメント検定２種資格。

徳島文理大学心理学科実験助手等を経て、同就職支援部（執筆時）。

修士 (学術)、日本育療学会等会員。

教育・福祉関係者のための
児童虐待と障害者虐待 ― 基礎編 ―

2019 年 8 月 19 日　初版第 1 刷発行
2024 年 2 月　3 日　オンデマンド版

■編　著　島　治伸
■著　作　藤田　益伸
　　　　　中原　昌子
■発行人　加藤　勝博
■発行所　株式会社 ジアース教育新社
〒 101-0054　東京都千代田区神田錦町 1-23　宗保第 2 ビル
TEL：03-5282-7183　FAX：03-5282-7892
E-mail：info@kyoikushinsha.co.jp
URL：http://www.kyoikushinsha.co.jp/

■表紙・本文イラスト　濱田　零士
■表紙デザイン・DTP　土屋図形株式会社
■印刷・製本　シナノ印刷株式会社
Printed in Japan
ISBN978-4-86371-511-0
定価は表紙に表示してあります。